ゴールドマン・サックスが解れば世界経済を操る大謀略が見えてくる

鈴木啓功
Keikou Suzuki

SEIKO SHOBO

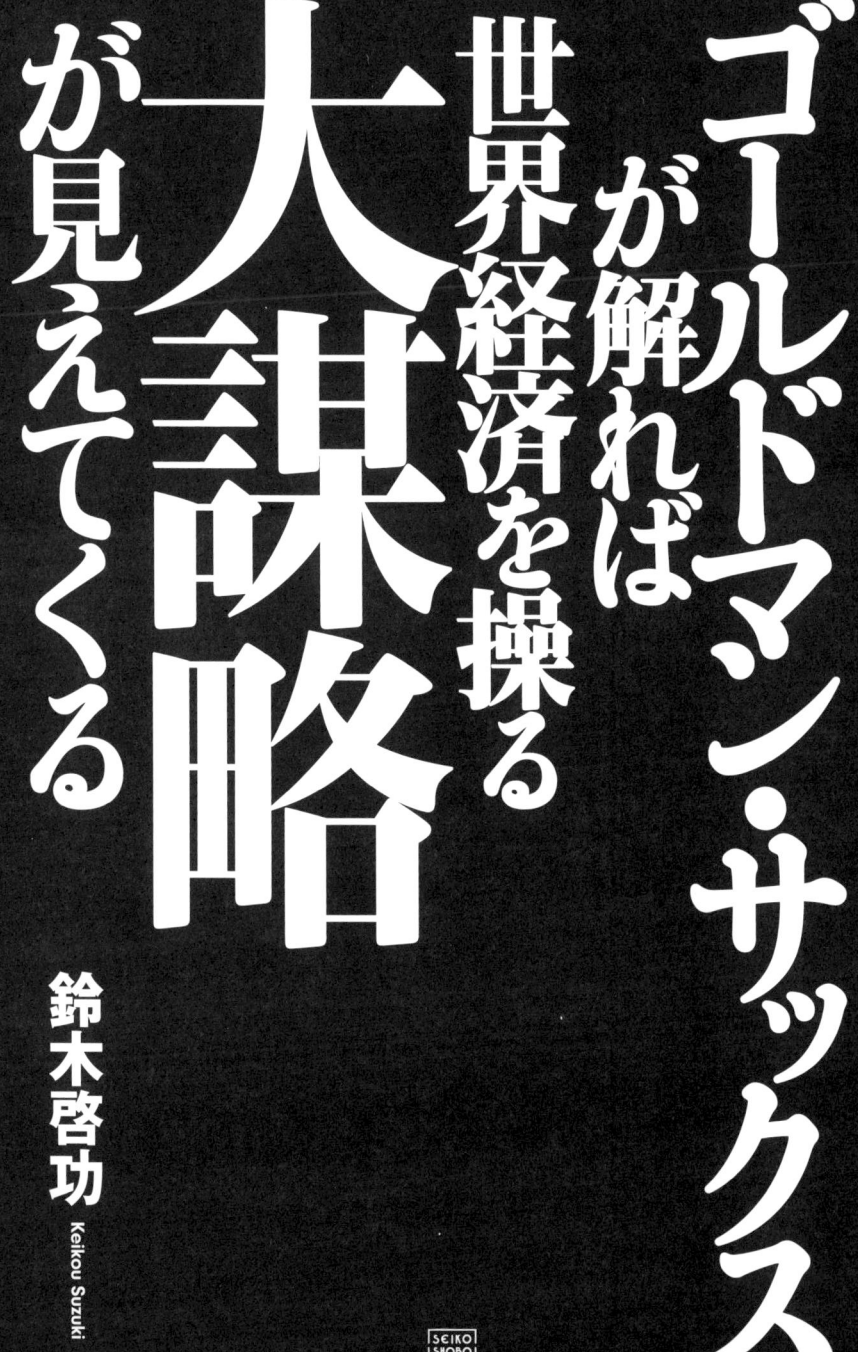

ゴールドマン・サックスが解れば世界経済を操る大謀略が見えてくる

【はじめに】

「米国のスパイに使われた男」の怒りの告白とゴールドマン・サックスを見る視角

なぜ私は本書を世に問うのか

本書では「ゴールドマン・サックスの正体と世界経済の近未来情勢」について述べていく。それは「世界経済の近未来予測と日本国民への戦略提言」と言ってもよい。

なぜ、私は本書を書くのか。最初にそのことを記しておく。実は私には、あまり語りたくない一つの秘密が存在する。それは「私は米国のスパイとして使われた」という過去だ。

あれから約二十年が経過しているが、今でも新聞やテレビで「日米関係の情勢」を目にした時など、何らかの拍子にポツンと当時のことを思い出すことがある。そんな時、私は吐き気がするほど自分に腹が立つのだ。同時に自分が許せないと思う。情けないとも思う。この感情は言葉ではうまく表現することができない。ここは「知らない間にカネで買われた怒りを抱えて、のたうちまわる」と言ったら伝わるだろうか。

当時のことを打ち明ければ、読者諸氏に「恥」をさらすことになるかも知れない。あるいは「馬鹿な奴だ」と笑われるかも知れない。それでも事実を書いておく。なぜならば、そこにこそ私が本書を書く「土台」（絶対的問題意識）が存在しているからである。

知らない間に「米国のスパイに使われた男」の怒り

一九九〇年代の日本は「泥沼の時代」だった。一九九〇年にバブル経済が崩壊して、日本は政治も経済も社会も上から下まで全部がガタガタになった。それは今なお同じである。

だが、一九九〇年代が始まったばかりの段階では、日本の産業社会にはまだまだバブル経済の余韻が残り、日本の企業各社は明るい未来を求めて奮闘していた。

当時、私は経営コンサルタントとして多様な仕事をしていた。一九九〇年代初頭、日本の産業社会では「様々な戦争」があった。それで、私のようなビジネス社会の裏方は（たとえば）テーマパーク戦争の裏側では「大型レジャーランド開発における集客予測と戦略提言」を、ハンバーガー戦争の裏側では「消費者動向調査と新メニューの企画開発」を、高級車戦争の裏側では「新車の市場投入に際する広告のコンセプト・メーキング」を行なう、というような調子でやっていた。平たく言えば「何でも屋」のようなものである。クライアント（顧客）は「メーカー」「企画会社」「広告会社」など、そのつどのプロジェクトで多種多様だ。

そのようなあれこれのプロジェクトの中では「シンクタンク」（日本では「〇〇総合研究所」と名前がついたものが多い）と共同で仕事をすることもあった。具体的な名前は出せないが、大きくは「銀行系シンクタンク」「証券系シンクタンク」「メーカー系シンクタンク」「独立系シンクタンク」などである。その頃、私は某大手シンクタンクと繰り返して何度も仕事をすることがあった。そのような時、打ち合わせ段階では「何のためにこれをやるか」という話がなされる。

当たり前のことだが、ビジネスの世界では（いかなる場合であっても）「目的のない仕事」はない。よって、右のような仕事の場合、打ち合わせ段階で最初に提示されるのは「何のためにこれをやるか」という理由だ。その内容は（たとえば）「〇〇省からの委託による調査研究」「〇〇県からの委託による調査研究」また「〇〇株式会社からの委託によって××に関する調査研究を行ない、最終的には同社への経営戦略提言を行なう」などである。

そのような中、その某大手シンクタンクから「日本産業に関する調査研究」(本当の名称は別のものだが、ここではこのように表記しておく)の依頼が来た。だが、その時、相手は「何のために行なうのか」という話をしなかった。先に述べたような次第で、これは「異常なこと」なのだ。

だが、その時の私は深く気にかけなかった。相手は気心の知れた仲だし、同シンクタンクでは独自にいくつものレポートを発行している。また親会社は証券会社だ。

そういうわけで、私は「これは社内資料として利用するものであろう」(あるいは「親会社からの委託によるものであろう」)と勝手に推測して、独自に調査研究活動を行ない、要求された報告書を提出した。このような仕事では、いわば「報告書」がすべてである。つまり「報告書」が「商品」ということになる。その時に提出した「報告書」の内容の一部は(たとえば)「コンピュータの流通経路」「各流通段階におけるマージン比率」などである。全部、相手の依頼によるものだ。普通の人が読んで面白いものではない。

さて、問題はここからだ。右に述べたように私は「某大手シンクタンクからの依頼で」(あるいは私が勝手にそのように解釈して)「日本産業に関する調査研究」を行なったわけだが、その本当の依頼主は「米国サイド」であった。

▼日米構造協議では「個別商品の流通マージン」まで調査されていた

当時、日米の間では「日米構造協議」(一九八九年〜)が行なわれていた。名称は「日米構造協議」とはいうものの、その正味は「米国の日本国に対する命令」である。米国と日本の関係は「支配者と奴隷の関係」だ。そんな二国が「協議」するはずがないのである。

日米構造協議において、米国サイドは「日本の市場は閉鎖されているので開放しろ」と要求していた。それに対して、日本サイドはのらりくらりと応じていた。だが、日米構造協議の最終段階では、米国サイドから「日本産業の実態」（個別商品の流通経路、流通マージン、その他）に関するきわめて詳細なデータが提示され、日本政府をあわてさせた。

米国サイドから「個別商品の各流通段階における流通マージン」までを提示されると、日本政府は反論できないわけである。もしかすると、日本政府もそこまで詳細なデータは持っていなかったかも知れない。その結果どうなったかというと、日本政府は（当初には）「十年間で総額四三〇兆円の公共投資」を約束させられ、（最終的には）総投資額は「六三〇兆円」に膨れ上がった。全部米国サイドの「要求」（命令）である。日米構造協議の結果を制したのは「米国が提示した詳細なデータ」であったことは間違いない。では、米国が提示した「詳細なデータ」はどこから出てきたのか。米国のＣＩＡ（中央情報局）がどこかに忍び込んでスパイをしたのか。今どきはそんなことをやる必要はないのである。

ここからは私の推測になるが、米国は日本のシンクタンク等を使って、詳細な個別情報を全部吸い上げていたようだ。私に調査研究を依頼した某大手シンクタンクがその元締めであったか否かはわからない。おそらくはそうではないであろう。

私の推測では「在日米国大使館（あるいはその下部機関）が日本の複数のシンクタンク等に個別

問題の調査研究を依頼して、その結果を集約したのではないか」と思われる。

それらの調査研究の費用として全部で「数億円」がかかったとしよう。だが、その結果として日本国政府に（最終的に）「総投資額六三〇兆円の公共投資」を約束させることが出来れば安いものだ。同時に閉鎖的な日本国の流通に風穴を開けることも出来た。日米構造協議をきっかけに日本では大型店を規制していた「大規模小売店舗法」が緩和され、その後には米国の大型流通企業が日本列島に続々と上陸してくることになった。同時に日本列島各地では「シャッター通り」（商店街の小売店が次々に閉店に追い込まれ店のシャッターを降ろしたままとなった）が大量に生まれる結果となった。さて、私の怒りはここにある。

つまり、米国は日本のシンクタンク等を使って詳細な個別情報を全部吸い上げていた。その情報収集の末端要員として、（知らない間に）私も「使われた」ということだ。本当の依頼主が米国サイドであることがわかっていたら、私は仕事を引き受けなかった。私がやった仕事（日本産業の実態を調査研究して報告書を提出した）は「スパイ」そのものではないかも知れないが、実質的には「米国のためのスパイとして使われた」としか思えないのだ。それが私には腹が立つ。繰り返しになるが、真の依頼主が米国サイドとわかっていれば、私は仕事を受けなかった。私は「エサに尻尾を振る犬」ではないのである。

そもそも、私の会社（株式会社ＩＳＪ）は「インテリジェンス・サービス・ジャパン」を意味するもので、設立者である私の心は「一人ＣＩＡ」というようなものだった（ＣＩＡの「Ｉ」は、ＩＳＪの「Ｉ」と同じで、「インテリジェンス」を意味している。インフォメーションが「単なる情報」〔一般情報＝低度情報〕であるのに対して、インテリジェンスは〔それを収集・分析・加工した〕「高度情報」ということになる）。

もちろん私の会社では、米国の情報機関ＣＩＡのような「謀略工作」は行なわない。だが、敵方のＣＩＡだって、四六時中「謀略工作」をしているわけではない。米国の情報機関ＣＩＡを論じた書物によれば「ＣＩＡの業務の九〇％は『情報収集』『情報分析』『情報加工』である」ということだ。私もまた情報を中心に活動してきた。

だが、私の会社にはどこからも「黒いカネ」は流れてこない。企業相手の真っ当な仕事を本業にしながら、それとは別枠で様々な調査研究をするわけだ。このようなことに関心のない人にはどうでもよいことだろうが、私は実際にそのようにしてやってきた。一九九〇年代の「宗教ブーム」の中では、主要な新興宗教を独自に調査研究していた。私の調査研究の範囲は常識を超えて広い。

こうして会社設立以来、私は「一人ＣＩＡ」という意気込みで調査研究に従事してきた。その自分が「米国のスパイとして使われた」というのは、許せないほどの屈辱なのである。

▼ゴールドマン・サックスの背後に存在する「世界経済を操る巨大な秘密」

本書で私たちは「近未来世界」を大きく展望しようとしている。その土台には現代世界経済における徹底的な情勢分析が存在することはもちろんだ。分析のない予測はない。

二〇一〇年、現代世界のこの時点において、近未来の世界経済情勢を展望するためには、一体どこに焦点を当てるべきか。それには様々な視点があり得るだろう。

本書では――過去・現在・未来の世界経済情勢を背景に――、その背後で蠢《うごめ》く「ゴールドマン・サックスの動き」を様々な視点から描き出す。

なぜそのような視点と手法を用いるかといえば、それは米国の投資銀行ゴールドマン・サックスの背後には「世界経済情勢を操る巨大な秘密」が存在するからなのである。

ここで言う「世界経済情勢を操る巨大な秘密」とは何か。それを知るためには本書の全体をお読みいただかなければならないが、ここでは次のように述べておく。

- 米国の投資銀行ゴールドマン・サックス。彼らの背後には「仮面をかぶった偽ユダヤ人集団」＋「欧州ロスチャイルド家」＋「米国ロックフェラー家」が存在する。
- この秘密と事実を土台にして、ゴールドマン・サックスと「見えない集団」の謀略で「現代世界経済情勢」は「騙しの砦」として堅固に構築されている。
- ここを明確に透視することが出来なければ、近未来世界予測は「全部が的外れとなる」のである。それゆえ現在のような世界経済情勢（日本経済情勢）が存在する。

現代世界経済情勢の深層には「騙《だま》しの世界」が存在する。私たちが近未来世界を生き抜くためには、その秘密を完全に解き明かすべきなのだ。

本書は一歩一歩を確実に踏んで進めていく。時には「遠回りをすることが『近道』である」という場合もある。だが、読者に無駄足を踏ませることはない。そしてまた、必要な道筋を飛ばすことも絶対にない。

本書による分析を通して、すべての読者に「世界経済情勢の真実」を明確に理解していただくことが出来るだろう。そのことには絶対の自信を持っている。なぜならば、ゴールドマン・サックスの解剖は「世界経済情勢の解剖」に深くつながっているからだ。現代世界経済情勢に関する情報は極めて不正確だ。このまま事態が推移すれば、世界はロクなことにならないが、新聞やテレビなどのマスコミはそのことを絶対に伝えない。

著者としての私は全力を尽くして最大限の努力をする。これから本書をお読みいただく読者には、どうかあなたの一日における静かな時間の流れの中で、ゆったりとした思念をめぐらせながら、そして「騙しが渦巻く現代と歴史の世界」に深く沈潜していただきたい。

読者諸氏には「現代世界経済情勢の巨大な秘密」を「間違いなくつかんで欲しい」と思うのだ。そのことを通して、私はあなたの心の中に「新たな闘志」が湧いてくるものと信じている。私たちは負けるわけにはいかないのである。

二〇一〇年十月

鈴木《すずき》啓功《けいこう》

【もくじ】ゴールドマン・サックスが解れば世界経済を操る大謀略が見えてくる

【はじめに】
「米国のスパイに使われた男」の怒りの告白とゴールドマン・サックスを見る視角

【序章】
ゴールドマン・サックスの正体と世界経済の近未来情勢

【第一章】ゴールドマン・サックスの予言はなぜ当たるのか

【第二章】ゴールドマン・サックスが「世界経済」をコントロールしている

【第三章】ゴールドマン・サックスの背後に「世界経済史の巨大な秘密」が存在する

【第四章】
ゴールドマン・サックスが「世界大恐慌への流れ」を仕組んでいる

【終章】
日本人が生き残るためにはどうするべきか

【装幀】フロッグキングスタジオ
【図版作成】ホープカンパニー
【本文写真】ウィキコモンズ

【序章】

ゴールドマン・サックスの正体と世界経済の近未来情勢

現代の日本国を俯瞰するとどうなるか

本書では「米国の投資銀行＝ゴールドマン・サックス」に照準を合わせている。そして同社の動きを透視することによって、その背後に存在する「現代世界経済情勢を操る巨大な秘密」を暴き出す。そうすることで読者の目には「近未来世界の姿」が見えてくる。

日本人は世界の出来事をバラバラに考えがちだが、そういうことでは常に「貧乏クジ」を引かされて、（過去も現在も未来も）永遠に大損をすることになる。それはどう考えても阿呆らしい。まず最初に私たちが知るべきは「何が現代世界経済情勢（現代日本経済情勢）を動かしているか」ということだ。そこでこの序章では、現代日本の情勢を大きく振り返ることから始める。そうすると現代日本のガタガタの背後に「米国の投資銀行＝ゴールドマン・サックス」が存在することがわかる。ここを起点に「透視の視線」を深めていきたい。

☀「日本国民の運命は『風前の灯火』である」

さて、現代の日本国を俯瞰《ふかん》するとどうなるか。本書の回答は、「首都東京に住む一三〇〇万人の東京都民と、日本列島に住む一億三〇〇〇万人の日本国民の運命は『風前の灯火』である」。

あなたは「まさか?!」と思うかもしれないが、そのような安心感に根拠はない。あなたは「何を根拠に、自分は現在の延長線上に未来を考えているのか」を顧みるべきなのだ。

そのような思考には惰性以外に何の根拠もないのである。本書の立場から言うならば「真面目《まじめ》な日本国民は戦後の長きにわたって、米国追随を貫く無能な日本国のマスコミによって、強く洗脳されている」のである。そして、いつまでも過去が続くと信じている。だが、そのような信仰心を貫いて最後に地獄を見るのは普通の日本国民なのである。それは「日米戦争（大東亜戦争）に敗北した時」を見ればわかる。あの時、朝鮮半島などの外地では現地の日本国民を置き去りにして、軍人や高級官僚は逃げ出した。だが、日本国のマスコミは日本国民に対しては「現地に留まれ」と命令情報を繰り返していた。

その結果、外地に取り残された普通の日本国民は祖国へたどり着くまでに、まさに「地獄を見た」のである。それは日本の内地においても同じである。終戦の直前、米軍は「広島・長崎に原子爆弾を投下した」。その後遺症で今もなお苦しむ人たちが存在する。だが、戦後の日本国政府は日本国民同胞に対して、一体何をしたのか。

結論を言えば、ほったらかしにしただけだ。それゆえ今日でも最終決着には至っていない。同じことは「水俣病」でも繰り返された。日本国政府にとって、日本国民は「同胞」でも何でもない。それは命令し搾取するだけの存在だ。明治維新以降の日本国では常に普通の日本国民を徹底的にゴミ扱いして、いつでも見殺しにしてきたのである。

その流れは今日においても存続している。今ではそれが見えにくくなってはいるが、存在することは事実である。今後はそれが誰の目にも見えるようになってくる。だが、そうなってからでは遅いのだ。よって、私は日本国民に「警鐘」を乱打しつつ、さらにその背後にある「世界経済情勢を操る巨大な秘密」を暴露しようと懸命になっているのである。

▼日本国壊滅のカウントダウンが始まっている

現代の日本経済の動向は次のようにまとめることが出来るだろう。最初に重要項目を列挙する。読者は自らの身辺状況を重ね合わせて、日本国を俯瞰してみていただきたい。大切なのは個別の情勢に振り回されず、全体状況に対する認識を持つことだ。

日本国には「約一〇〇〇兆円」という巨大な財政赤字が存在する。多くの日本国民はこれは何とかしなければならないと思っている。だが、現状を見る限り、赤字が減る見込みは一切ない。今後とも増え続けていくのである。日本国は「巨大な赤字」を解消できない。

二〇一〇年五月時点の見込みでは、当面の税収は「四〇兆円台前半」。それに対して毎年度「約六〇兆円の国債」を発行する。一般家庭にたとえれば（現代の日本国の財政と予算情勢は）「月収四〇万円の家が、月々六〇万円の借金をして、一カ月一〇〇万円の生活をする」ということだ。日本国の予算などは「予算でも何でもない」のである。日本国政府の方針は「サラ金生活を日本国が壊滅するまで続けていく」ということだ。

二〇一〇年五月、大手電機メーカーの三月期決算が発表された。それによれば、日立製作所をはじめとする大手八社は全社が「営業黒字」である。だが、その黒字のエンジンとなったのは「売上拡大」や「収益拡大」ではなくて「リストラ」（首切り）なのだ。

新聞は「電機回復、リストラ頼み」として、次のように書いている。

売り上げが減る中で回復を演出したのは、リストラだ。人件費や販売経費などの固定費の切り詰めに力を入れ、削減額は八社で計二兆一千億円に及んだ。それが八社そろっての営業黒字に結びついた。（『朝日新聞』二〇一〇年五月十四日付）

その他の製造業も流通業もリストラに拍車をかけている。今やサラリーマンの世界は「死屍《しし》累々《るいるい》」と言うべきだ。大事な社員を「クビ」にして「黒字」もへったくれもあるものか。日本の経営者には「戦う魂」が存在しない。これで日本経済が復活するはずがないのである。

二〇一〇年五月、総務省が発表した「家計調査」（二〇〇九年平均の二人以上の世帯による家計調査）によると、一世帯当たりの平均貯蓄額は一六三八万円で、前年に比べて二・五％減少した。貯蓄額が前年を下回るのは「四年連続」。株式などの有価証券や生命保険などが減少している。この調査結果の意味するものは「今、日本国民は過去の財産を取り崩しながら必死に生活を営んでいる」ということだ。このような動きはどのように理解するべきか。言葉は悪いが「タコが自分の足を食って生きている」ようなもの。だが、これでは日本国民の生活はジリ貧だ。いつまでも自分の足を食い続けることは出来ない。

一方、自殺者の数は「十二年連続で三万人を突破している」。二〇一〇年五月、警視庁は「昨年の自殺者の動機や年齢などをまとめた調査結果」を発表した。特定できた原因・動機を見ると「失業」が「六五・三％増の一〇七一人」、「生活苦」が「三四・三％増の一七三一人」となっている。

大不況の中で「経済問題・生活問題」が日本国民を苦しめていることがわかる。また人口に占める自殺者の割合は「五〇代」が最も高かったが、同時に注目するべきは「二〇代と三〇代の自殺が過去最高を更新した」ということだ。

それは「日本国における若年層へのしわ寄せが年々露骨になっている」ことを意味する。若者に希望を持たせない国家などは「存続する価値はない」のである。

国会は阿呆垂れの政治家が飯を食うための「三文芝居小屋」に過ぎない

さて、右には「現代の日本経済の動向」を俯瞰した。細かく見ていけばキリがない。とにかくこのような情勢の中では、私たちはどこにも活路を見出すことが出来ないのである。

では、このような情勢の中で日本の政治家は何をやっているのか。本書では、日本国の政治業界を次のように裁断する。日本国の国会は阿呆垂れの政治家が飯を食うための「三文芝居小屋」に過ぎない。彼ら政治家は「自分らは偉い」と自負しているのかも知れないが、実質は「役人の振り付けで踊る愚かなサル」でしかない。

二〇一〇年七月、参議院議員選挙で民主党が負けたのは、鳩山由紀夫と入れ代わった菅直人が役人の振り付けで「消費税増税」を打ち出したからだ。これは菅直人だけの問題ではない。日本の政治家の正体は「人間のぬいぐるみを着た日光サル軍団」なのである。今の日本国で政治情勢を論じるなどは「マスコミの『飯の種』に過ぎない」。

日本の政治業界では「成長戦略」というありがたそうな言葉が飛び交う。だが、日本国に「そのような力はない」のである。言葉を弄《もてあそ》ぶのは「阿呆のやること」だ。

日本経済には「トンデモない仕掛けの地雷」が埋め込まれている

31ページには「バブル経済崩壊以降の日本経済の動き」をまとめた。一九九〇年以降の日本国はガタガタである。図表をざっと眺めながら、以下をお読みいただきたい。

本書の「はじめに」では「日米構造協議」（一九八九年〜）の背後について述べた。あの時、米国政府は日本国の実態を徹底的に調査していた。そのような中で、私は知らない間に米国のスパイとして使われた。その怒りが本書を書く土台となっているのは先に記した通りだ。

さて、日米構造協議（一九八九年〜）に絡めて、その前後のことを言うならば、一九八五年、日本国は「プラザ合意」を押し付けられて「円高ドル安政策」を採用し、それは「バブル経済」を引き起こすことになった。この段階で「地雷」が埋め込まれていたのである。

「一九八五年」＝日本経済に「地雷」が埋め込まれた年。

ここで「地雷」というのは「単発の地雷」ではない。それは（一発の地雷が爆発すると別の地雷が連鎖して爆発するような）「トンデモない仕掛けの地雷」だった。

具体的には米国の仕掛けによって日本では「バブル経済」が膨らんだ。そして、それは崩壊する。ここから日本経済の地獄化が始まるが、そこにはさらなる仕掛けが存在した。

つまり、バブル経済崩壊と前後して「日米構造協議」（一九八九年〜）が始まった。そして、それは「日米包括経済協議」（一九九三年）と名称を変えた。さらにその翌年（一九九四年）からは「年次改革要望書」（正味は「年次改革命令書」である）が毎年、米国から日本に突き付けられることになるのである。日本のマスコミは報道しないが、日本国は毎年「命令」を受け、米国の言いなりである。日本国の選挙や国会などは「国民の目を欺く芝居」に過ぎない。

つまり「プラザ合意」→「日米構造協議」→「日米包括経済協議」→「年次改革要望書」と続く一連の流れは、米国の日本に対する「命令強化の流れ」なのだ。そして、そのような「命令強化の流れ」の中で、知らない間に私は「米国のスパイとして使われた」。

本書で告白したことは私個人としては「死ぬほど不愉快なこと」だが、それでも右のような経験を通して、一つだけ強く認識している。それは次のことである。

米国政府は日本国政府よりも徹底的に「戦略的」だ。彼らはデタラメに「命令」をしているわけではない。彼ら米国政府は「日本国における『個別情報』を徹底的に収集・分析して、その上で大きく命令を出してくる」のだ。それに対して、日本国政府は「米国」（政治・経済・社会・宗教）を徹底的に調査することもなく、唯々諾々と命令に従うだけだ。

先に「トンデモない仕掛けの地雷」と述べたのは、このような「米国からの命令強化の流れ」（日本国における命令受諾体制）は「日本経済をぶち壊す要因」でしかないからだ。

現代の日本国は「米国に弄ばれる玩具」である。日本経済は米国に叩かれ続けて崩壊するのだ。これは阿呆らしい話だが、日本のマスコミにはそのことに対する認識がない。全体状況に対する認

バブル経済崩壊以降の日本経済の動き

年	月	内容
1990	——	バブル経済が崩壊を始める
1991	4	静信リース倒産
1992	3	日経平均株価、2万円の大台割れ
1993	1	共同債権買取機構がスタート
1994	12	東京協和、安全信組が破綻
1995	1	住友銀行、ノンバンク向け不良債権処理で赤字になることを公表
	4	東京外為市場で1ドル＝80円を突破
	8	コスモ信金破綻。兵庫銀行破綻。木津信組破綻
	9	大和銀行ニューヨーク支店で巨額損失発覚
1996	11	大蔵省、阪和銀行に業務停止命令
1997	6	総会屋への利益供与で、第一勧業銀行副頭取ら逮捕
	11	三洋証券、会社更生法適用を申請
	11	北海道拓殖銀行破綻。山一證券自主廃業。徳陽シティ銀行破綻
1998	3	大手21行に公的資金1兆8000億円を注入
	10	日本長期信用銀行破綻
	12	日本債権信用銀行破綻
1999	3	大手15行に公的資金7兆5000億円を注入
	4	国民銀行破綻
	5	幸福銀行破綻
	6	東邦生命破綻。東京相和銀行破綻
	8	なみはや銀行破綻
	8	日本興行銀行、第一勧業銀行、富士銀行が統合を発表
	9	金融監督庁、クレスベール証券東京支店に業務停止命令
	9	あおば生命の仏アルテミス社への売却決定
	9	日本長期信用銀行を米リップルウッド社へ売却
	10	新潟中央銀行破綻
	10	東海銀行、あさひ銀行の統合発表
	10	住友銀行、さくら銀行の合併発表
	10	三井海上、日本火災、興亜火災の統合発表
	11	イトーヨーカ堂、銀行業参入方針
	11	米エトナ社、平和生命を傘下に
	11	日本団体生命、アクサ傘下に
	12	ソニー、銀行業参入を表明
	12	安田生命、富国生命が提携
	12	東邦生命、米GEエジソンに契約移転
2000	1	国民銀行、八千代銀行への譲渡決定
	2	北洋銀行、札幌銀行、持ち株会社方式の統合発表
	2	三井海上、日本火災、興亜火災との統合から離脱
	2	三井海上と住友海上、合併を発表
	3	大東京火災と千代田火災が合併発表
	3	三和銀行、東海銀行、あさひ銀行の統合を発表
	3	ソニー、インターネット銀行設立計画発表
	3	東京都、大手銀行への外形標準課税導入
	4	東京三菱銀行、三菱信託銀行との統合を発表
	6	あさひ銀行が三和銀行、東海銀行との連合から離脱
2001	4	小泉純一郎が首相に就任
2002	9	竹中平蔵が経済財政兼金融担当大臣に就任
2003	5	りそな銀行に公的資金2兆3000億円を注入
2005	10	郵政民営化法案可決

識がなければ、戦うことは出来ないのである。

以下では日米構造協議の時代（一九八九年〜）における日米経済の動きを俯瞰してみる。そうすると、そこには本書のテーマである「米国の投資銀行＝ゴールドマン・サックス」の動きが見えてくる。

▼バブル経済が崩壊してゴールドマン・サックスが上陸してきた

一九八〇年代、バブル経済の時代。日本の三菱地所は米国ニューヨークの「ロックフェラーセンタービル」を買収した。

日本企業が米国でロックフェラー家の拠点を買う。これはバブル時代を象徴するビッグニュースだった。だが、そんな能天気な話がこの世に存在するはずがないのである。背後には「米国の謀略」が存在した。

一九九〇年代、バブル経済が崩壊した。すると一体どうなったか。バブル時代の荒稼ぎは全部逆転していくことになるのである。つまり、三菱地所は高値で買収した「ロックフェラーセンタービル」を維持できない。それで売りに出したが、買値では売れない。

それでも現金が欲しければ、値下げして「在庫処分」する以外にはないのである。というわけで、結局は「損失一五〇〇億円」を出してビルを売った。で、それを買ったのは誰だったのか。

買い主は「ゴールドマン・サックス」（を含む投資家グループ）だった。要するに、三菱地所はゴールドマン・サックスを儲けさせるために大金を投げ出しただけのことだった。そして、この

「荒稼ぎの逆転」の中では、もちろんロックフェラー家も儲けた。つまり、三菱地所はロックフェラー家を相手に「一五〇〇億円も高い値段でビルを買った」わけだ。

このような視点で右の取引を俯瞰すると（バブル時代の愚かな動きの中で）「三菱地所だけが大損をして」＋「ロックフェラー家もゴールドマン・サックスも大儲けをした」のである。商売上手な米国から見れば、日本企業などは「鴨がネギを背負って飛んでくる」ようなものなのだ。

そして、右のような「ゴールドマン・サックスの動き」をどう見るか。詳しくは本書全体を通して述べるが、ここでは次のように指摘しておくことが適切だ。

一九九〇年代、日本のバブル経済崩壊の時代を境にして米国の投資銀行＝ゴールドマン・サックスは大きく翼を広げていたのである。そして、彼らは日本列島に上陸してくる。

▼日本長期信用銀行「乗っ取り劇」の背後にゴールドマン・サックスが存在した

一九九〇年代の日本はどういう時代だったか。端的には「日本の金融業界が全部ガタガタになった時代」である。一九九七年からは日本の金融機関が次々に倒産を始めた。

日本の金融業界は「断末魔の世界」に突入した。また、当時の日本の金融業界では「ＮＴＴドコモ株式公開の主幹事をどこが務めるか」ということが大きなテーマとなっていた。なぜならば、このような大きな案件を扱うと企業は大きく儲けることが出来るからだ。

結局、米国ゴールドマン・サックスがＮＴＴドコモの主幹事を務めることになった。全部が筋書き通りの流れである。つまり、米国で三菱地所から「ロックフェラーセンタービル」を買い叩いたゴールドマン・サックスが、この段階において日本列島に本格上陸してきたのである。そして、同時に彼らは次々に謀略を仕掛けていくことになる。ここでは二点だけを挙げておく。

✹「一九九〇年代」＝国際金融資本家による「日本長期信用銀行」の乗っ取り。
✹「二〇〇〇年代」＝国際金融資本家による「日本国郵便局資産」の乗っ取り。

後者は表向きは「郵政民営化」と称しているが、その実体は「郵政米営化」であり、そして「日本国民の郵便局資産（三五〇兆円）を丸ごと乗っ取る」ということに他ならない。

✹「郵政民営化」↓「郵政米営化」↓「郵便局資産（三五〇兆円）を乗っ取る」

ゴールドマン・サックスをはじめとする国際金融資本家（米国金融機関）が狙っているのは「日本国民のカネ」なのだ。彼らの頭には「カネ」のことしかないのである。

この時、郵政民営化に血道を上げたのが「小泉純一郎」であったことは言うまでもない。日本国首相・小泉純一郎は「米国（ゴールドマン・サックス）の回し者」だったのだ。

その売国ロボットの小泉純一郎を日本国のマスコミは持《も》て囃《はや》した。このような日本国のマスコミも「米国（ゴールドマン・サックス）の回し者」ということになる理屈である。

☀小泉純一郎もマスコミも「米国（ゴールドマン・サックス）の回し者」

さて、前者の「日本長期信用銀行の乗っ取り」に関する要点は次の通りである。つまり、日本長期信用銀行は米国リップルウッドに「一〇億円」で乗っ取られた。しかも、この時の契約には「瑕疵《かし》担保条項」がついていた。つまり、買収した日本長期信用銀行に利益が出たら、それは米国リップルウッドの利益だが、損失（要償却資産）が出たら「日本国政府が負担する」というものだ。言葉の上では「日本国政府の負担」と言っても、それは「日本国民のカネ」である。要するに大蔵省（現財務省＋金融庁）の役人は、日本長期信用銀行をリップルウッドに「一〇億円」で売却して、損失が出たら「日本国民に尻を拭かせることにした」のである。こんなものは取引でもビジネスでも何でもない。大蔵省（現財務省＋金融庁）の役人はトコトン日本国民をコケにしている。彼らは「売国ロボット」だ。

それだけではない。日本国政府はこの「インチキ取引」に外部アドバイザーを雇っていた。日本国政府が頼ったのは「米国ゴールドマン・サックス」だ。その仲介手数料は「一〇億円」。仲介手数料一〇億円を支払って、その取引結果は右に述べたような次第である。これが茶番劇でなくて何なのか。

他人のカネ（国民のカネ）でなければ、こんな「阿呆な取引」はできないはずだ。大蔵省（現財務省＋金融庁）の役人は「東大法学部卒の秀才揃い」と言われるが、その正体は「大バカ者の集団」なのである。日本国政府は「大バカ者が仕切っている」のである。

ところで、彼らが大バカなのはそれだけではない。米国リップルウッドを率いる投資銀行家のティム・コリンズは「ゴールドマン・サックスの出身」だ。そしてリップルウッドには数多くのゴールドマン・サックスOBが出資していた。これはどういうことなのか。

> ☀「買収サイド」（リップルウッド）↓「ゴールドマン・サックス」
> ☀「売却サイド」（日本政府サイド）↓「ゴールドマン・サックス」

要するに、日本長期信用銀行の買収劇では「買収サイド」も「売却サイド」も（背後は）「ゴールドマン・サックス」なのだ。大蔵省（現財務省＋金融庁）の役人はつくづく阿呆としか言いようがない。

さて、ここまでは序章の中のイントロだ。日本経済を振り返るのはこれくらいにして、次項からは現代世界経済情勢の重要問題に大きく取り組んでいくことにしたい。

▼ゴールドマン・サックスを解剖することは「手品の種」を見破ることだ

現代世界経済情勢をどのように見るべきか。日本経済が苦境でのたうち回っている背後には、世界経済情勢における「サブプライム問題」（二〇〇七年）や「リーマン・ショック」（二〇〇八年）が存在する。近年における「世界経済危機の流れ」を列挙してみる。

☀二〇〇七年＝「サブプライム問題」（米国で不良債権問題が爆発した）
☀二〇〇八年＝「リーマン・ショック」（米国で巨大金融機関が倒産した）
☀二〇〇九年＝「ギリシャ・ショック」（ギリシャの国家経済が傾き始めた）
☀二〇一〇年＝「ゴールドマン・ショック」（米国の投資銀行＝ゴールドマン・サックスが米国SECに提訴されて、世界の株価は急落した）

右の流れについては読者諸氏にも充分にご認識いただいているものと思う。だが、ここで指摘しておくべきは右の危機の源流は「二〇〇七年以前に存在する」ということだ。

つまり二〇〇七年に「サブプライム問題」が発生した。また二〇〇八年に「リーマン・ショック」が発生した。そして、そこから世界経済危機が浮上してきた。

というわけで、私たちは反射的に「二〇〇七年」（サブプライム問題）及び「二〇〇八年」（リーマン・ショック）に注目する。だが、そのような視点は間違っている。

現代世界経済情勢を動かす「本質」の立場から見るならば、サブプライム問題やリーマン・ショックは「原因」ではなく「結果」である。そのことの意味はわかるだろう。

つまり、出来事の「原因と結果の流れ」を言うならば、二〇〇七年以前に「原因」が仕込まれていて、二〇〇七年以降はそれが「結果」となって表われたのだ。

本書なりに「世界経済危機の流れ」を表現すれば、二〇〇七年以前に「時限爆弾」が仕掛けられていて、二〇〇七年以降は「それが次々に爆発している」ということである。

- 二〇〇七年以前＝世界経済に「時限爆弾」が仕掛けられた。
- 二〇〇七年以降＝世界経済で「時限爆弾」が次々に爆発している。

では、誰がいつ「時限爆弾」を仕掛けたのか。そして、その「時限爆弾」はいつまで爆発を続けるのか。それを明らかにすることが本書のテーマであるとも言える。先に結論を言うならば、世界経済に「時限爆弾」を仕掛けたのは「ゴールドマン・サックス」（をはじめとする米国金融機関）であり、彼らが「時限爆弾」を次々に爆発させているのである。

ところで、読者の中には（先の四項目の中で）「ゴールドマン・ショック」についてはあまり認識がない方がいるかも知れない。次項では基礎的なところから述べていく。とにかく米国の投資銀行ゴールドマン・サックスの正体を暴くことが本書全体の目的だ。そのことを通して、現代世界経済情勢の深層が見えてくることになるのである。ゴールドマン・サックスを解剖することは（世界経済情勢を騙して操る）「手品の種」を見破ることだ。

▼世界金融危機の背後にゴールドマン・サックスの「二重の騙し」が存在する

二〇一〇年四月十六日、米国ＳＥＣ（証券取引委員会）はゴールドマン・サックスを提訴した。これはどういう問題なのか。米国の投資銀行ゴールドマン・サックスが「サブプライム住宅ローン関連の資産を裏付けとした『債務担保証券』（CDO）に関して重要情報を隠して投資家に販売した」という詐欺容疑である。

☀ゴールドマン・サックスは「重要情報」を隠して商品を投資家に販売した。

右の「債務担保証券」（CDO）とは「ローン債権や債券など複数の資産を担保として組み合わせ、パッケージ化して発行する証券化商品の一種」である。

金融商品に詳しくない人には実体がわかりにくいかも知れないが、それはわからない人に問題があるのではない。これは素人《しろうと》には（実質的には玄人《くろうと》にも）「金融商品の中身のリスクがどうなっているのかが全然わからない」、つまり「騙し」というべき商品なのだ。

一般的には「金融は『経済の血液』である」と言われている。お金が回らなければ、経済活動はストップする。だから、金融を血液にたとえることは間違いではない。

だが、その肝心の金融商品が「騙しの金融商品」であったらどうなるのか。その場合には「血液に毒を混ぜて身体（経済）に注射する」ということになるのではないか。

そうなのだ。ゴールドマン・サックス（をはじめとする米国の金融機関）が『債務担保証券』（CDO）を販売する」ということは「米国経済（世界経済）に毒を注射した」も同然だ。それが「二〇〇七年のサブプライム問題」「二〇〇八年のリーマン・ショック」となって噴き出してきた。

前項で述べた「時限爆弾」とは（二〇〇〇年代に入って販売された）「サブプライム住宅ローン

関連の資産を裏付けとした『債務担保証券』（CDO）」のことである（彼らが仕掛けた「時限爆弾」には、他にも「CDS」（クレジット・デフォルト・スワップ）などが存在する。ここでは「債務担保証券」（CDO）に焦点を合わせて、ゴールドマン・サックス（及び米国金融業界）の動きを解読していく）。

文章で「サブプライム住宅ローン関連の資産を裏付けとする」と言うと、この金融商品には信頼性があるように聞こえるが、その現実は（極端にいえば）「絶対にカネを返せない貧乏人が高金利で大金を借りた借用証書を担保とする証券」ということで、信頼性などは皆無なのである。それをゴールドマン・サックス（をはじめとする米国の金融機関）は「信頼性のある金融商品」として販売した。これは「詐欺」と同じである。

二〇〇七年、米国で「住宅バブル」が崩壊した。これにより金融市場では「低所得者向け高金利住宅ローン」（サブプライムローン）を担保に組み込んだ商品の価格が急落して、同ローンを大量に保有していた欧米の大手金融機関で不良債権問題が深刻化した。

これが「サブプライム問題」だ。そしてどうなったかというと、二〇〇八年以降にはサブプライムローンの巨額の評価損計上をきっかけに経営が悪化する金融機関が続出。ついに、二〇〇八年秋には米国大手金融機関のリーマン・ブラザーズが倒産した。これを契機に米国では金融危機が本格化。それは世界に飛び火して世界金融情勢は一気に溶解を始めたのである。これが「リーマン・ショック」である。さて、この背後には「騙しの金融商品」が存在したわけだが、問題はそれだけではなかった。

二〇一〇年四月十六日、米国SECは「詐欺の疑い」でゴールドマン・サックスを提訴した。これは先にも述べたようにゴールドマン・サックスが『債務担保証券』(CDO)に関し、重要情報を隠して投資家に販売した」という詐欺容疑だった。この提訴が意味するのは「騙しの金融商品販売」の背後にさらに「ゴールドマン・サックスの『詐欺販売』が存在した」ということだ。

これを本書なりに表現すれば「世界金融危機の流れの背後にはゴールドマン・サックスの『二重の騙し』が存在する」となるのである。

ゴールドマン・ショックの正体は何だったのか

二〇一〇年四月十六日、米国SECによると「ゴールドマン・サックスは(同社と関係がある)ヘッジファンドが将来のCDOの値下がりを見越して売り注文を掛けていることを知りながら、それを投資家に伝えずにCDOを販売した」ということだ。

そして、このゴールドマン・サックスの「騙し」のおかげで「投資家は一〇億ドル(約九二〇億円、当時)の損失を出した」という。端的な事実は次の通りだ。

* 二〇〇七年前半、ゴールドマン・サックスはサブプライムローン関連商品を裏付けとした「債務担保証券」(CDO)を販売した。
* だがこの時、ゴールドマン・サックスはCDOにどの証券を組み込むかの決定に大手ヘッジファンドのポールソン社が関与したことを情報開示しなかった。

●またゴールドマン・サックスはポールソン社がCDOの値下がりを見込んだ取り引きをしているのを知りながら情報開示しなかった。
●CDOの暴落で投資家に総額一〇億ドル以上の損失が発生した。
●ヘッジファンドのポールソン社はCDOの暴落で巨額の利益を計上した。

右の流れを平たく言えば「ゴールドマン・サックスは『ポールソン社とグルになって』投資家を騙した」ということだ。そして、自分らは巨額の利益を上げた。もしもこれが「事実」とすれば、(世界の投資家の立場からは)「トンデモない大犯罪」だ。というわけで、このニュースを受けて同日、ゴールドマン・サックスの株価は急落。一時は一〇％以上も値下がりした。同時にこの米国SECによるゴールドマン・サックス提訴問題は世界の株式市場にも飛び火して、世界の株価は大きく下げた。

国際金融経済の世界ではこれは「ゴールドマン・ショック」と呼ばれている。本書でもその呼び名を踏襲する。週刊投資金融情報紙は「米国SECがゴールドマン・サックスを提訴した日」(四月十六日)の同社の動きを次のようにレポートしている。

ニューヨーク・マンハッタンのダウンタウンにそびえ立つ四三階建ての高層ビル。SECが証券詐欺の疑いでゴールドマン・サックスを提訴した四月十六日、ゴールドマンは約二〇〇〇億円を投じた豪華な社屋で業務を始めていた。同日午前、騒がしい声が飛び交うトレーディングフロアに、提訴の一報が伝わる。予期していなかった事態に、社員はみな手を止め、「突然、不気味な静寂が支配した」という。（『日経ヴェリタス』二〇一〇年四月二十五日～五月一日号）

米国金融業界のエリート集団を自認する同社の社員にとって、米国SECの提訴は驚天動地の出来事だった。だが、世界金融危機の流れの中では元凶に手が伸びるのは当然だ。

さて、米国SECが「ゴールドマン・サックスは詐欺をした」と指弾したところで、同社が「ハイ、やりました」と認めるわけはない。ゴールドマン・サックスは「徹底的に争う」と宣言した。

そして、その後にはどうなったのか。英国でもゴールドマン・サックスは調査をされる身となった。ゴールドマン・サックス提訴問題は「国際的問題」となったのだ。

二〇一〇年四月二十七日、米国上院では十一時間に及ぶ公聴会が開かれた。日本ではあまり注目されなかったが、米国民にとってこれは「大注目のニュース」だった。というのは、ここで「ゴールドマン・サックスという巨悪の正体」が徹底的に暴露されるかも知れないからだ。

日本人は「ゴールドマン・サックス」という会社に関心が薄いかも知れない。名前は聞いたことがあっても、どんな会社かはよく知らない。知らない会社に関心は持てない。だが、先にはバブル経済崩壊を前後しての「ゴールドマン・サックスの動き」を述べた。よって、本書の読者には少しは認識を新たにしていただいているものと思う。

一方、米国では「ゴールドマン・サックス」は「悪評の高い会社」である。なぜならば、米国では一九二九年にニューヨーク株式市場が大崩壊して、多くの国民は地獄を見た。その背後にゴールドマン・サックスが存在したことは「米国民の常識」なのだ（これについては第二章で述べる。しばらくお待ちいただきたい）。よって「ゴールドマン・サックスに対する米国SECの提訴」と「ゴールドマン・サックスに対する米国上院の公聴会」は米国民にとっては注目すべきニュースだった。

さて、この公聴会であるが、当日の情勢を記者は次のようにレポートしている。

公聴会で驚いたのは現地メディアの関心の高さ。議場内に用意されたメディア席はすぐに満席になり、公聴会が始まってからは各社の記者が慌ただしそうに速報を流していた。同じ日には、ギリシャとポルトガルの長期債格下げという重大なニュースがあったが、米CNBCテレビはずっと公聴会を生中継していた。（『日経ヴェリタス』二〇一〇年五月二日～五月八日号）

米国上院の国土安全保障・政府問題委員会の調査委員会が開いた公聴会。そこにはゴールドマン・サックスのブランクファイン最高経営責任者（CEO）らが出席。二〇〇八年の大統領選挙でオバマに敗れたマケイン上院議員（共和党）は次のように問いかけた。

「あなたが打った電子メールには（住宅ローン関連商品で）『我々も損を出した。その後、空売り《からう》のおかげでそれ以上に儲けを出した』と書いてある。一体、いくら儲けたのか」

ブランクファインは答えた。「住宅市場（住宅ローン関連市場）では二〇〇七年の儲けは五億ドル（約四七〇億円）に満たない」

二〇〇七年、米国では住宅相場が下落。サブプライムローン関連証券市場が急落し、二〇〇八年の金融危機につながった。そのような中で、ゴールドマン・サックスは値下がりに賭け、「空売り」で利益を出していた。議員らの批判は同社の「空売り」に集中した。だが、そんな批判など、ゴールドマン・サックスには「蛙の面に何とやら」であった。

米国SECの提訴問題にも議員らの批判は集まった。先にも述べたようにゴールドマン・サックスは「債務担保証券（CDO）の価格下落を狙うヘッジ・ファンドの関与を知りながら、情報を開示しないで投資家に商品を販売した」。議員からは「自分らが値下がりに加担している場合は投資家にそれを伝えるべきだ」との批判が相次いだ。だが、当時（二〇〇六〜〇八年）、ゴールドマン・サックスの住宅部門責任者だったスパークスは「その義務はない」（現在米国の法律ではそのような義務は存在しない）と一蹴した。

ゴールドマン・サックスに「責任」（金融危機拡大の責任）はあるのかないのか。これをめぐって、公聴会は十一時間も続けられた。だが、こんな公聴会で結論が出るはずもない。

上院議員らは「金融危機の拡大に加担したとは思わないのか」と迫ったが、担当者らは「何も悪いことはしていない」と答弁した。ただ、ブランクファイン最高経営責任者は「責任はある」との認識を示した。そして、（同社が公的資金を受け入れて救済されたことを）「恥ずかしい」とも表明した。だが、米国のマスコミでは「このような低姿勢は米国民の怒りをやわらげるための同社のイメージ戦略に過ぎない」という見方が強かった。

さて、その後である。二〇〇八年の金融危機の責任を追及する米国議会の金融危機調査委員会はゴールドマン・サックスに資料の提出を要求した。これに対する同社の反応は無茶苦茶だった。ゴールドマン・サックスは金融危機調査委員会に数十億ページ分の関連資料（二〇〇〇万強の書類）を送り付けたのだ。米国議会は激怒した。金融危機調査委員会は強制力のある文書を発布して、適切な内容の資料の再提出を要求した。

米国SECによるゴールドマン・サックス提訴以降、米国政府（米国議会）と同社の関係は「喧嘩バトル」となっていた。米国ではこの戦いは長引くものと見られていた。

そして、どうなったのか。このゴールドマン・サックス問題は急転直下、解決することになった。同社は「和解の道」を選んだのである。二〇一〇年七月十五日、ゴールドマン・サックスは「五億六〇〇〇万ドル」（約四八〇億円）を支払うことで和解した。

SECによると、米金融機関がSECに支払った額としては過去最大。二億五〇〇〇万ドル（約二二〇億円）は損失を被った投資家に、残りは財務省に支払われる。（『朝日新聞』二〇一〇年七月十六日付）

ゴールドマン・サックスは「二億五〇〇〇万ドル」（約二二〇億円）も投資家を騙していた。こんな会社は「潰してしまうべき」である。だが、絶対にそうはならない。それどころか、ゴールドマン・サックスは今後とも世界経済情勢を大きく動かしていくのである。

二〇一〇年七月二十一日、ゴールドマン・サックスは「八二％の減益」を発表した。二〇一〇年四～六月期決算は、純利益が前年同期比八二％減の六億一三〇〇万ドルとなった。だが、こんなことは同社にとっては「痛くも痒くもない」のである。なぜならば、同社は「魔法の小槌」を持っている。それが何であるかはあとでじっくりと述べる。

▼米国の金融規制法は「世界を騙すための法律」である

二〇一〇年七月二十一日（ゴールドマン・サックスが八二％の減益を発表した日）、米国では「金融規制法」が正式に成立した。同日オバマ大統領が同法案に署名した。

米国の金融規制法は「消費者保護の強化」「金融商品の規制」「銀行救済の阻止」を目的としている。好き放題やってきた金融業界に縛《しば》りをかけようという、至極正当な法律のように思われる。

先に述べたゴールドマン・サックスの動きを見てもわかるように、米国の金融業界の動きには問題がある。それゆえ、一般的には米国の金融規制法を歓迎する声が多い。つまり、これによって米国の金融業界の活動が抑制され、世界の金融秩序は安定化に向かうと期待されている。だが、私たちはそのような理解でよいのか。本書の見解では、米国の金融規制法は「世界を騙すための法律」だ。なにしろ、この法律は抜け穴だらけである。ここではその抜け穴のすべてを列挙することは出来ないが、究極の一例を挙げよう。

二〇一〇年七月に「金融規制法」が成立したからには、米国金融業界の動きはすぐに規制されるべきである。だが、現実にはそうはならない。同法に存在する抜け穴のおかげで（様々な抜け道を組み合わせると）「法律の適用延長は最大で十八年まで認められる」ということになっている。つまり、二〇二八年までは金融規制法は存在しないも同然なのだ。

その結果、米国金融業界大手各社はこれまでと変わらず活動することが出来る。何の変化もないのである。金融規制法の成立前から米国の週刊誌は次のように書いていた。


だがこうした改革が進んでもエリート金融マンの将来は安泰だろう。大手各社はデリバティブ取引の最大部分である金利・外国為替のスワップ取引を維持できるからだ。この市場の九五％（約二〇〇兆ドル）はＪ・Ｐ・モルガン、ゴールドマン・サックス、シティグループ、バンク・オブ・アメリカ、モルガン・スタンレーの五社が支配している。〔中略〕この法案が成立すれば、金融危機の中心にいた五社はアメリカ経済にとってますます重要な存在となるかもしれない。再び金融危機が起きても、政府に救済されることが保証されているようなものだ。

（『ニューズウィーク日本版』二〇一〇年七月十四日号）


米国の金融規制法が「世界を騙す法律」という意味は、右のようなことだけではない。さらに深く考えてみよう。

米国で「金融規制法案」が審議される中では「ボルカー・ルール」なるものが声高に議論された。これはどのような代物だったか。二〇一〇年一月二十一日、オバマ大統領によって提案されたのが「ボルカー・ルール」という銀行規制案である。これは「銀行の自己勘定での高リスク投資を制限する」というもので、金融規制法案の中では米銀への直接的影響が特に強いと見られていた。それゆえ、金融業界ではこれをめぐって様々な意見が飛び交った。

「ボルカー・ルール」の「本当の提案者」の名前はポール・ボルカーという。一体、何者なのか。

現在、彼は「大統領経済回復諮問委員会委員長」であるが（つまり、それゆえに彼は「ボルカー・ルール」を提案した）、元々は「米国中央銀行FRB（米国連邦準備制度理事会）議長」である。カーター、レーガン政権下（一九七九年～一九八七年）で議長を務めた人物である。

先に日本経済を振り返る中で「一九八五年に『地雷』が埋め込まれた」と述べた。つまり、一九八五年の「プラザ合意」で日本は「円高ドル安」を命令された。それがバブル経済につながり、そしてバブル経済が崩壊した。かくして日本経済はガタガタになった。

というわけで、現代日本経済苦境の発端は「一九八五年のプラザ合意」に存在する。ところで、プラザ合意で日本に円高ドル安を命令したのは誰なのか。それは当時FRB議長のポール・ボルカーだった。つまり、現代日本経済苦境の元凶はポール・ボルカーなのである。

米国のポール・ボルカーは「世界の通貨マフィア」なのである。その彼が米国で「ボルカー・ルール」を提案した。ここには「罠」が存在するのだ。彼は米国経済を復活させるために「ボルカー・ルール」を提案しているわけではない。そもそも、前述したように米国の金融規制法は抜け穴だらけで「法律の適用延長は最大で十八年まで認められる」ということになっている。では米国の「金融規制法」や「ボルカー・ルール」の真実の目的は何なのか。

さて、本項で指摘する「米国の金融規制法は『世界を騙すための法律』である」とはどういうことか。ここでは本書の立場から重要な一点を述べておきたい。

二〇一〇年、現代の世界金融危機について米国政府がなすべきことは「世界金融危機の元凶である米国金融業界の動きを徹底的に明らかにすること」だった。だが、それは棚上げにされ、抜け穴だらけの法律が成立した。それだけではない。その背後には米国の謀略が存在する。米国で金融規制法が成立した日の情勢を新聞は次のように報道している。

オバマ米大統領は（七月）二十一日、一九三〇年代の大恐慌以来となる米国の抜本的な金融規制強化法案に署名し、同法が正式に成立した。米国が大幅な規制強化にかじを切ったことで、日本など他国へも同様の規制強化を求める圧力が高まる可能性がある。オバマ大統領は二十一日の署名式典で「米国民は、金融街の過ちのツケの支払いを求められることは二度となくなる」と述べた。（『朝日新聞』二〇一〇年七月二十二日付）

米国金融規制法の本当の目的は「ここ」である。つまり「米国が大幅な規制強化にかじを切ったことで、日本など他国へも同様の規制強化を求める圧力が高まる可能性がある」。新聞は「可能性がある」と曖昧《あいまい》な書き方をしているが、米国の真の目的は「ここ」なのだ。

☀「米国の目的」＝「世界に『金融規制強化』を求める」↓「世界から自由を奪う」

では、彼らは何を狙っているのか。それは手前勝手な規制を世界各国に求め、それらの積み重ねの中で「世界から自由を奪う」ことだ。そして、彼らは近未来世界に「世界政府」を樹立する。その時、普通の地球人民は総奴隷化状況となっているだろう。

近未来世界は「バブル」と「パニック」の「ダブルパンチの時代」となる

二〇一〇年八月、米国経済の減速が明らかとなり、同時に日本経済も変調を示した。日本経済は「円高・株安のダブルパンチ」で身動きがとれない。

二〇一〇年八月十一日、為替市場では「円高・ドル安」が進行した。一時は「一ドル＝八四円七〇銭台」となる十五年ぶりの円高水準（本書の予測では近未来に「五〇円台」に突入する）。

今後の情勢については「早晩八〇円前後まで円高が進行する」と見られている。その背後には米国経済の減速に加えギリシャをはじめとする欧州経済の変調が存在するが、だからといって、現代の日本経済に磐石の強さがあるわけではない。世界経済情勢全体がガタガタになる中で、とりあえず今は円が買われているというだけだ。状況が変われば、一気に円安に振れる可能性も存在する。現代世界の経済情勢は極めて不安定なのだ。端的に言って、いつ何が起こっても不思議はないのが実情だ。そして、世界経済情勢全体が不安定な中での「円高・株安のダブルパンチ」。日本経済の行方は不透明と言うしかない。

では、私たちはどうすればよいのか。まずは浮足立つことをやめることだ。そして、現代世界経済情勢を深く透視してみることだ。原因を理解することなくして円高対策に走ることは無意味なのだ。過去、そのようなことは幾度も繰り返してやってきた。だが、結果的にはそれらは何ら成果を上げていない。日本経済は過去二十年、ぶち壊れてきただけだ。
本章の半ばでは「現代世界経済情勢をどのように見るべきか」として、近年における「世界経済危機の流れ」を列挙した。それをここでは次のように変えて再提出する。

☀二〇〇七年＝「サブプライム問題」→「インチキ債券のバラマキ」
☀二〇〇八年＝「リーマン・ショック」→「インチキ金融機関の倒産」
☀二〇〇九年＝「ギリシャ・ショック」→「インチキEU統一の矛盾」
☀二〇一〇年＝「ゴールドマン・ショック」→「インチキ金融機関の提訴」

日本では誰も口に出さないかも知れないが、現代世界経済情勢の背後には「騙し」（＝インチキ＝デタラメ＝詐欺経済）が「ガッチリと組み込まれている」のである。
現代世界経済情勢における「騙し」はこれで全部というわけではない。現代世界における「騙し」はまさに無数に存在するのだ。それはこれから露見してくるはずだ。
この騙しを組み込んだ世界経済情勢が近未来世界に大激震を引き起こすことは間違いない。ここで近未来予測の結論を述べるなら、それは次のようになる。

☀近未来の世界経済情勢は「バブル」（ミニバブル）と「パニック」（ミニパニック）の「ダブルパンチ」を私たち普通の日本国民に叩き込むことになる。

【第一章】

ゴールドマン・サックスの予言はなぜ当たるのか

▼世界経済の背後に「世界最強の金融帝国」がある

読者の中には「米国の投資銀行＝ゴールドマン・サックス」という会社にあまり認識がない方がいらっしゃるかも知れない。だがご心配は無用である。

本書では話をじわりじわりと進めていく。よって知らない間に読者は「米国の投資銀行＝ゴールドマン・サックス」を知悉《ちしつ》して、同時に（その背後に存在する）「現代世界経済情勢を操る巨大な秘密」を透視することができる。そのことはお約束しておこう。

さて、ゴールドマン・サックスについて、ここでは次のように紹介しておく。

☀アメリカの投資銀行＝ゴールドマン・サックスは、今から約百四十年前にユダヤ系移民のマーカス・ゴールドマンが創業した。正確には一八六九年のことである。

ここで「投資銀行」とは、日本でいう「証券会社」のことである（これに対し、米国での「商業銀行」は、日本のいわゆる「銀行」に相当する）。さて、米国でユダヤ系移民のマーカス・ゴールドマンが「投資銀行ゴールドマン・サックス」を創業したのは、今から約百四十年前の一八六九年のことだった。

当時の日本はどんな情勢だったか。明治維新がなったばかりで、日本列島各地では幕末動乱の嵐がなおも吹き荒れていた。明治を形成する「鳥羽伏見の戦い」はその前年のことである。

マーカス・ゴールドマンが創業した年（一八六九年）――。日本列島では北海道に「五稜郭政権」を樹立していた旧幕臣の榎本武揚、大鳥圭介、松平太郎、荒井郁之助らが官軍に降伏した。同年、明治政府は薩長土肥その他の諸藩主の版籍奉還を許して「諸藩知事」に任命。これにより日本全土と国民が「日本国」に統一された。明治政府は官制を改革し、（神祇・太政の）「二官」と（民部・大蔵・兵部・刑部・宮内・外務の）「六省」を置いた。

☀「一八六九年」＝「ゴールドマン・サックスが創業した年」＝「明治日本が統一された年」

明治日本が始まるゴタゴタの時代にアメリカではユダヤ系移民のマーカス・ゴールドマンが「ゴールドマン・サックス」（当時は「マーカス・ゴールドマン商会」）を創業した。同社の歴史については次章でじっくりと追跡するとして、ここでは次のように述べておく。

当時の同社は「借用証書のブローカー業」だった。「証券関連の個人商店」と言ってもよい。当時のアメリカではそのような商店（会社）はいくらもあった。だが、その大半はその後の激動する時代の流れの中で消滅した。ここで言う「激動する時代」とは、日本では「明治・大正・昭和・平成」に相当する。日本でも幕末・明治維新以降の激動する時代の流れの中で、多くの企業が創業しては倒産していったわけである。倒産には理由がある。その背後については述べるまでもないだろう。世界と日本の歴史は――まるで「巨大な暴力」を振るうようにして――、すべてをなぎ倒していくのである。その巨大な暴力の中心が「不況」と「戦争」である。

「巨大な暴力」＝「繰り返し発生する不況」＋「繰り返し発生する戦争」

右の公式は「本書全体の背骨」と言える。読者にはこの公式をご記憶願いたい。さて、二十世紀の世界では繰り返して「不況」と「戦争」が発生した。その最大要因は次の流れだ。

「世界大不況」→「第一次世界大戦」→「世界大恐慌」→「第二次世界大戦」

明治維新以降、日本でも「日清戦争」「日露戦争」「第一次世界大戦」（シベリア出兵）「第二次世界大戦」（大東亜戦争）を戦った。そして、多くの国民が死んだ。

それは世界においても「同じ」である。戦争では多くの人民が犠牲になるが、世界から戦争は絶対になくならない。第二次世界大戦後にも多くの戦争が勃発した。

アジアでは「朝鮮戦争」「ベトナム戦争」が代表的だが、最近では米国による「アフガン戦争」「イラク戦争」が存在する。そして、その狭間では繰り返して「不況」が存在する。

現代世界は「不況」と「戦争」の繰り返しである。このような時代の流れの中で、世界では多くの企業が興亡した。しかし、創業以来約百四十年間、着実に勢力を拡大してきた米国企業が存在する。それが「投資銀行＝ゴールドマン・サックス」だ。

日本でいう「幕末・明治維新以降（明治・大正・昭和・平成）」は、世界全体も大激動した「諸

世界最強の投資銀行＝ゴールドマン・サックス

NYゴールドマン・サックス本社のタワービル

ゴールドマン・サックス創業者
マーカス・ゴールドマン

ザ・ゴールドマン・サックス・グループ・インク
The Goldman Sachs Group, Inc.

種類	株式会社
略称	ゴールドマン・サックス
国籍	アメリカ合衆国
本社	ニューヨーク州ニューヨーク、ブロード・ストリート85
設立	1869年
業種	証券、商品先物取引業
事業内容	投資銀行業務 トレーディングおよびプリンシパル・インベストメント業務 資産運用および証券関連サービス
代表者	ロイド・C・ブランクファイン（会長兼CEO）
資本金	220億3300万ドル（2007年11月30日現在）
売上高	879億6800万ドル（2007年11月30日現在）
総資産	1兆1197億9600万ドル（2007年11月30日現在）
従業員数	30,522名（2007年11月30日現在）
決算期	11月30日

行無常」の時代であった。だが、同社はしぶとく生き残った。それどころか「投資銀行＝ゴールドマン・サックス」は「不滅の力」を持って拡大し、「世界最強の金融帝国」となったのである。なぜ、そのように言われるかは本書でじっくりと述べるが、「世界経済の背後には『世界最強の金融帝国』が存在する」のである。

ゴールドマン・サックスの予言はこれほど的中する

現代経済世界には「一つの神話」が存在する。それは「ゴールドマン・サックスの予言は的中する」ということだ。細かい予言は後回しにして、最初は大きなところから見ておこう。そうすると、同社が近年の世界経済激動の中を巧妙に渡ってきたことがわかる。

一九九七年には「アジア通貨危機」が発生した。そのきっかけとなったのは「タイ通貨危機」だった。突然、タイの通貨バーツが下落した。それはアジア各国の通貨に飛び火して、最終的にはロシアも危機に突入した。当時、大発展を遂げていたアジア経済（アジア通貨）が危機を迎える。こんなことは誰にも想像することは出来なかった。だがそれ以前、ゴールドマン・サックスは「半年以内にバーツは切り下げられる」と発表していた。

一九九〇年代後半の世界では「ＩＴ産業」が大成長を遂げていた。同時にＩＴ企業各社の株価は高騰した。これは「バブル」であったわけだが、当時は誰もそのようには思わなかった。「ＩＴ産業は未来世界の花形である」と信じられていたのである。

だが、二〇〇〇年には「ＩＴバブル」は大崩壊した。日本でもこの時に大損をした投資家が多くいる。こんな結末を予想した者はいなかった。なのに、それ以前からゴールドマン・サックスは「IT株式保有比率を引き下げよ」と発表していた。

二〇〇〇年に「ITバブル」が崩壊した。その後の世界経済を牽引したのは「金融」だった。金融業界は様々な債券を売り出した。そのうちの一つが「サブプライム債券」だった。アメリカの低所得者に高金利で不動産ローンを提供する。これに格付け会社は高い信用を与えた。世界中の金融機関は大量のサブプライム債券を買い込んだ。だが、低所得者が高金利を払えるはずがないのである。なのに、当時は誰もそのようには考えなかった。

そして、二〇〇七年には「サブプライム問題」が発生した。それまで大量に販売されていたサブプライム債券が「紙クズ」と化したのだ。これにより世界経済は大きなダメージを受けた。世界中の企業も大きな損失を出した。今も激震は継続している。だが同年、ゴールドマン・サックスは「過去最高益」を記録した。空売りで巨大な利益を上げたのだ。

前年の「サブプライム問題」に引き続き、二〇〇八年には「リーマン・ショック」が発生した。米国の巨大金融機関リーマン・ブラザーズが倒産したのだ。信じられないことである。リーマン・ショックは世界経済を揺さぶった。世界中の企業も大きなダメージを受けた。この激震も今もって継続している。だが、このリーマン・ショックをゴールドマン・サックスは「無傷」で乗り切った。

さて、ゴールドマン・サックスは（顧客を相手に）常に「予言」（未来予測レポート）を発表している。よって、これ以外にも同社の「予言」（予言的中）は無数にある。

同社の細かい予言については詳論しない。ここでは「ゴールドマン・サックスの予言が的中している」という事実を記憶しておいていただきたい。本書が見つめる問題は「なぜ、ゴールドマン・サックスの予言は的中するのか」「その背後にはどのような秘密が存在するのか」ということだ。そこには世界経済情勢を動かす「巨大な騙し」が存在するのだ。

デリバティブに翻弄される日本経済

一九九〇年にバブル経済が崩壊した。それから日本経済はどうにもならない。情勢を振り返ってみる。一九九〇年代には企業や銀行や生命保険会社が次々に潰れた。二〇〇〇年代には企業や銀行や生命保険会社は次々に外資系金融機関に買収された。一九九〇年代と二〇〇〇年代の日本は「失われた十年」(損失の時間)を繰り返してきただけだ。

なぜ、このようなことになったのか。私たち普通の日本国民が「資本主義」「市場経済」「自由経済」というものを理解していなかったからである。

現代世界経済情勢を動かす要因に「デリバティブ」が存在する。一般的には「金融派生商品」と訳されているが、これでは意味がわからない。本書では次のように定義しておく。

☀「デリバティブ」=「価格変動リスクを回避するための外国製インチキ金融商品」

念のために別の情報も確認する。手元の「用語辞典」では次のように説明してある。

【デリバティブ derivative】＝金融派生商品。金融商品の価格変動リスクを回避し、低コストでの調達や高利回りの運用といった有利な条件を確保するために開発された取引。外国為替や金利など本来の金融商品から派生した。広義では通貨先物や金利先物取引などを含めるが、狭義でスワップやオプション取引などを指すことが多い。元々はリスク回避の手段として開発されたものの、最近はデリバティブ自体を投機対象とする取引が拡大している。その結果、逆に金融商品の価格変動を大きくするケースが増えており、各国の金融当局の間ではデリバティブの規制強化を検討したり、情報開示を進めたりする機運が高まっている。（『やさしい日経経済用語辞典』日本経済新聞社編、日本経済新聞社刊）

要するにどういうことなのか。本書の立場では「デリバティブは価格変動リスクを回避するための外国製インチキ金融商品」と解釈する。その意味は右の解説の中にも充分にうかがうことが出来るはずだ。ポイントのみを再録する。

☀異常1＝「デリバティブ自体を投機対象とする取引が拡大している」
☀異常2＝「金融商品の価格変動を大きくするケースが増えている」

右のような異常事態を用語辞典では「最近の情勢」でかたづけているが、これは「因果関係が逆」なのだ。デリバティブは最初から「インチキ金融商品」なのである。

では「デリバティブ」の何が問題なのか。デリバティブという存在は（商品そのものが「インチキ金融商品」であることに加えて）その取引に「テコ」が使われるということだ。世界経済を目茶苦茶にする手品の一つがここに存在しているわけである。

✹「デリバティブのインチキ取引」＝「取引に『テコ』（レバレッジ）が使われる」

「テコ」（レバレッジ）とは「デリバティブ取引を行なう投資家は『投資金額』を何倍にも増幅できる」という意味だ。ここに「デリバティブ取引の魔術」がある。

普通の株式取引やビジネスでは、手元のカネが「一〇〇万円」なら「一〇〇万円分の商品」しか買えない。当たり前のことである。一〇〇万円しか持っていない相手に「一〇〇〇万円分の商品」を渡す人間は存在しない。それでは商売にならない。

ところが「デリバティブ」の場合には「テコ」（レバレッジ）が使えて、手元のカネが「一〇〇万円」しかなくても「一〇〇〇万円分の商品」が買えることになっている。

ここでは計算を単純にするために「テコ」は「一〇倍」と仮定しよう。そうすると、儲かる時には「一気に一〇倍儲かる」ということになる。これが「デリバティブ取引」による「大儲けの秘密」なのだ。一〇〇万円しかない人間が一〇〇〇万円分の取引が出来るのだから、当然、大儲けだ。

この仕組みを「テコ」（レバレッジ）と呼んでいる。そして、この大儲けを目指して世界の投資家のカネが「デリバティブ」に流れている。これはもはや「博打」と言うべき取引である。

儲かる時はそれでよしとしよう。だが、損をする時にはどうなるのか。もちろん、その場合は「一気に一〇倍損をする」ことになる。普通の日本国民の立場から見れば「投資家が損をするのは自業自得」だが、実は彼らの「博打取引による損失」は「世界経済の大混乱」に直結する仕組みとなっている。現代世界経済情勢の大混乱は「デリバティブ（博打）による大損がどうにもならなくなっている」ということなのだ。

右の説明ではテコを「一〇倍」としてあるが、現実的にはそれは「百倍」「千倍」となって増幅されていく。複数の投機家がそれぞれにテコを使うからだ（二〇一〇年八月一日、FX〈外国為替証拠金〉取引での過度な投機を抑制するため、テコの上限は「五〇倍」にする規制が導入された。それまでは「数百倍」で取引をしていたケースもあった。私は「五〇倍」でも「無茶苦茶な取引」と思うが、現代金融業界の喧騒の中では、そのような普通の生活者の声はかき消されることになっている。現代金融業界は「狂気の世界」と言うしかない）。

さて、昨今の金融専門家の間では、デリバティブの想定元本は「六〇〇兆ドル」（六京円）に拡大したと見られている。ということは一％の損失で「六〇〇兆円」、二％の損失では「一二〇〇兆円」、さらに一〇％の損失では「六〇〇〇兆円」が一気に吹っ飛ぶ計算となる。

ところで、世界全体のＧＤＰは「六〇〇〇兆円」である。テコ（レバレッジ）を使うデリバティブは一〇％の損失で「世界全体のＧＤＰを一気に吹き飛ばす規模」となるわけである。

しかも、今問題なのは「デリバティブの損失がどれほどあるかは不明である」ことだ。もしかすると、すでに世界全体のＧＤＰくらいは吹き飛ばしているのかも知れない。

二〇〇七年のサブプライム問題、そして二〇〇八年のリーマン・ショックがなぜ起こったかという根本理由は、右に述べた「騙しの構造」の中に存在する。平たく言えば、騙しが騙しを呼んで（遂には騙しきれなくなって）「騙しの世界が崩壊した」ということだ。

逆に言えば、この「騙しの構造」を叩き潰さない限り、近未来世界では「同様の問題」「同様のショック」は繰り返して発生するということだ。そのことは絶対間違いない。

そして、この「騙し」を誰がやっているかというと、それは「ゴールドマン・サックス」を中心とする「ユダヤ系金融機関」なのである。具体的に述べるならば「ゴールドマン・サックス」「ソロモン・ブラザーズ」「ベア・スターンズ」（そして倒産した）「リーマン・ブラザーズ」などは全部「ユダヤ系金融機関」なのである。つまり「ユダヤ系金融機関が世界経済を目茶苦茶にする」と言っても過言ではない。

現代世界経済の流れの中では「乗っ取り屋」も「ヘッジ・ファンド」も、それらの大半は「ユダヤ系」だ。「ユダヤ系が世界経済をぶち壊す」とも言える。お断わりしておくが、本書のこうした一連の発言は「ユダヤ人差別」や「ユダヤ人陰謀論」とは無関係だ。

これは「単なる事実」なのである。彼らは自分らの利益のために世界を壊す。そのような世界の中で、私たちは生きている。この事実に対する透徹した認識が大事である。

▼ゴールドマン・サックスの「地球管理スケジュール」

先にはゴールドマン・サックスが予言を的中させて大儲けをしていることを述べた。だが、その背後には「ゴールドマン・サックスの地球管理スケジュール」が存在する。実は「予言」ではなく「予定」を実行しているだけなのだ。ここではそれを暴露する。

67ページには「ゴールドマン・サックスの予言と地球管理スケジュール」を用意してみた。それを一覧した上で以下をお読みいただきたい（念のためだが、この図表は〔同社の予言を土台に〕著者である私が独自に読み解いてまとめたものだ。これは「ゴールドマン・サックスの発表資料ではない」ので、お間違えのないように。ただし以下の文章をお読みいただければ、どうしてこのような「地球管理スケジュール」を私が作成することが出来たかは、読者にもご理解いただけるはずである。以下の文章を読み進める時には、その記述が「地球管理スケジュール」のどこに当てはまるかをご確認いただければ幸いである）。

☀「著者からの提案」＝お手数で恐縮だが、手元にペンがあるならば、以下の文章を読みながら、図表をチェックいただきたい。ゴールドマン・サックスの予言は『歴史の時間軸』に沿って発表されているわけではない。二〇一一年の予言の次に二〇五〇年の予言が発表され、次にはその間をつなぐ予言が発表されるという形になっている。ゴールドマン・サックスの個別の予言を集約して総合するためには、こちらに多少の手間が必要だ。よって読者諸氏には是非ペンでのチェックをお願いしたい。

二〇〇一年、ゴールドマン・サックスは「BRICs《ブリックス》」（ブラジル、ロシア、インド、中国）という用語を作った。現代では、それは一般用語のようになっている。これはどういうことなのか。当時、ゴールドマン・サックスは次のように予言していた。

✸「一〇年後（二〇一一年）の世界は『ＢＲＩＣｓの意志』を無視できない」

二〇〇一年当時、世界中の人々の考え方は「そんなことがあるはずがない」というものだった。だが、それから「ＢＲＩＣｓ」（ブラジル、ロシア、インド、中国）は飛躍した（正確にはそのように動かされているのだが、それについてはあとで述べる）。

二〇一一年、世界はＢＲＩＣｓの意志を無視できないことになる。近未来、ブラジル、ロシア、インド、中国は、さらに現代世界経済に勢力を伸ばしてくることになる。そしてどうなるのか。二〇〇七年、ゴールドマン・サックスは次の予言を発表していた。

✸「二〇五〇年の世界経済予測」＝「世界経済の第一位は中国、第三位はインド、第五位はブラジル、第六位はロシア」

近未来の世界は「そのように誘導されることになる」のだ。米国ゴールドマン・サックスがどのように動いているかはあとで述べる。ここでは誘導されるとだけ指摘しておく。

二〇〇九年、ゴールドマン・サックスは新しい予言を発表した。それは新造語としての「チャイ

ゴールドマン・サックスの予言と地球管理スケジュール

【1】2011年の世界は「BRICsの意志」を無視できない

◉ブラジル、ロシア、インド、中国が「大国」となる
◉そこに「チャインドネシア」(中国、インド、インドネシア)が加わってくる
◉結局、ブラジル、ロシア、インド、中国、インドネシアが「新5大国」となる

⬇

【2】2012年、原油の平均価格が1バレル＝100ドルを突破する

◉金融危機緩和と世界景気回復で原油需要が回復しエネルギー危機が再来する
◉この予言の背後には「戦争勃発」の含意がある
◉2012年、中東戦争が勃発して、原油価格が跳ね上がる

⬇

【3】近未来世界には「人類的危機」(世界的危機)が到来する

◉近未来には「世界大恐慌」と「世界大戦争」(第3次世界大戦)が発生する
◉近未来には「ペーパーマネーの時代」が終わり「実物経済の時代」が始まる
◉石油をはじめとする資源価格が上昇することになる

⬇

【4】2050年、中国とインドが世界経済を支配する

◉中国とインドで「バブル経済」と「バブル崩壊」が発生する
◉そのとき「ゴールドマン・サックス」(ロスチャイルド家)が両国資産を買収する
◉2050年、中国とインドは「ロスチャイルド家」が支配している

**ゴールドマン・サックスの予言は、
単なる「予言」なのではない
それは「彼ら」(欧州ロスチャイルド家を
はじめとするユダヤ国際金融資本家)による
「地球管理スケジュール」なのだ**

2050年、ロスチャイルド家は世界経済を支配する

注:上記の「ゴールドマン・サックスの予言と地球管理スケジュール」は(同社の予言を土台に)著者が独自に読み解いてまとめたものである。

ンドネシア」（中国、インド、インドネシア）である。

☀「二〇〇九年の新造語」＝「チャインドネシア」（中国、インド、インドネシア）

つまり先の「ＢＲＩＣｓ」（ブラジル、ロシア、インド、中国）に加えて、今後は「チャインドネシア」（中国、インド、インドネシア）も大きく伸びてくることになる。

両者にはダブリがある。今後の成長地域を一覧すると、それは次のようになる。

☀「世界の成長地域」＝「ブラジル、ロシア、インド、中国、インドネシア」

ここでご理解いただきたいのは「ゴールドマン・サックスは世界経済の行方を大きくぶち上げる」、そして「そのように世界経済を誘導していく」ということだ。

二〇〇九年六月、ゴールドマン・サックスは次のように予言している。

☀「金融危機緩和と世界景気回復で原油需要が回復し、エネルギー危機が再来する」

また同社は次のようにも予言している。

☀「二〇一二年、原油の平均価格が一バレル＝一〇〇ドルを突破する」

なぜ、そのようなことになるのか。予言の背後には「戦争勃発」の含意がある。つまり中東戦争が勃発することによって、石油の値段が跳ね上がるということだ。

☀「二〇一二年、中東戦争が勃発して、原油価格が跳ね上がる」（本書の視点）

そして、彼らは次の予言も発表している（先の「二〇五〇年の世界経済予測」から）。

☀「二〇五〇年、中国とインドが世界経済を支配する」（本書の視点）

さて、右には「ゴールドマン・サックスの予言」（地球管理スケジュール）に従って「二〇五〇年代、中国とインドが世界経済を支配する」と指摘した。だが「本当にそうなるか否か」はわからない。あるいは「直線的にそうなるか否か」はわからない。

本書なりに結論を言うならば、近未来の世界経済情勢が右のスケジュールに従って直線的に進行することはないだろう。なぜなら、彼らは「陽動戦略」を用いることが常だからだ。「陽動戦略」とはどういうことか。彼らは「戦略A」を提示するが、それは「囮《おとり》」つまり「騙し」で、実は「戦略B」を実行するということがある。彼らの動きは一筋縄ではいかないのである。彼らは「騙しに

騙し を繰り返す」。

日本人は「世界は勝手に動いている」と考える。だが「世界は勝手に動いてはいない」。それは「地球管理スケジュール」に従って動かされているのである。

ここでは「ゴールドマン・サックスの地球管理スケジュール」を取り上げているが、それは同社が「世界経済を操る唯一の謀略主体」ということではない。その背後には「欧州ロスチャイルド家」を筆頭とする巨大な謀略集団が存在する（後章で述べる）。

だが、米国ゴールドマン・サックスは（私たちの目に見える形で）「予言」（地球管理スケジュール）を打ち出しているので、ここではそれを解読している次第である。

67ページの図表をもう一度眺めて欲しい。二〇一二年（「原油価格の平均価格が一バレル＝一〇〇ドルを突破する」）以降の動きについて、本書の読み解きは次の通りだ。

☀「近未来には『世界大恐慌』と『世界大戦争』（第三次世界大戦）が発生する」
☀「近未来には『ペーパーマネーの時代』が終わり『実物経済の時代』が始まる」
☀「石油をはじめとする資源価格が上昇することになる」

そのような流れを経て「二〇五〇年、中国とインドが世界経済を支配する」。では、そのプロセスの中では一体どのようなことが起こるのか。それは次の通りである。

米国ゴールドマン・サックス（及び背後に存在する「欧州ロスチャイルド家」）は、中国の共産党独裁支配体制を破壊する。今、彼らの資金は中国国内に流入しているが、それは中国にバブルを作るためである。いずれ、彼らは時期を見てバブルを崩壊させる。

一九八五年九月、日本では、いわゆる「プラザ合意」によって「円高ドル安」が生じ、あの「バブル経済」が発生した。そして、日本人は狂気となった。

だが、国際金融資本家の仕掛けた一本の針でバブル経済は崩壊した。そして、現在に至るも日本経済はのたうち回っている。中国経済も同じ道をたどるのである。そして、中国経済は彼らによって乗っ取られる。この流れはインドにおいても同じである。

先に述べたように「二〇五〇年、中国とインドが世界経済を支配する」と言っても、その時、中国とインドを支配しているのは「ロスチャイルド家」なのである。

では、世界全体はどうなっているのか。地球には「世界政府」が樹立されて、普通の地球人民は「総奴隷化の時代」を迎えていることになるだろう。

なぜそうなるかについては本書の全体を通して徹底的に論証していく。ここでは結論を述べているだけなのである。とにかく今はまだ本書全体の第一章だ。本書では「現代世界経済情勢の背後に潜む巨大な秘密」を完膚なきまでに暴いていく。読者諸氏は現代世界における「一つひとつの事実」を確実に理解していただきたい。その背後はこれからじっくりと解き明かす。とにかくここで結論だけを言うならば、近未来世界の動きを楽観することは出来ない。私たちはこれまでのように騙され続けていてはダメなのだ。

▼日本人の「占い発想」では未来を予測することは出来ない

前項では「ゴールドマン・サックスの予言と地球管理スケジュール」について述べた。話を進める前に「予測」ということについて考えてみよう。そうすることで、日本人の発想とユダヤ人の発想の違いが見えてくる。その違いとは、日本人は「真面目」であり、裏返せば「騙されやすい」という点だ。

その意味するところは、(真面目がイケナイというのではなく)「世界経済情勢の未来(地球の未来)を予測するためにはもっと別の資質が要求される」ということだ。

日本の経済学者やエコノミストは「経済学」を土台に経済予測を行なう。だが、彼らの予測が当たったことはないのである。目先の景気変動の予測などはどうでもよい。そんなものは当たっても外れても大勢に影響はない。

根本的な問題は「巨大な転換点」を予測できるか否かということだ。目先の景気変動の動向を当てたところで、巨大な転換点を予測することが出来なければ、過去の富は丸ごと吹っ飛んでしまうのだ。

そのような事態が発生したのが「一九九〇年におけるバブル経済の崩壊」だった。中高年の読者は振り返ってみるべきだ。あの時、バブル経済崩壊を予測した経済学者やエコノミストは一人もいなかった。日本の「専門家」連中は「株はまだまだ上がる」と言っていた。だが、バブル経済は崩壊した。戦後日本の歴史の中で「絶対的事実」を言うならば、あの時「日本の経済学者やエコノミストは全滅した」のである。私は、予測を的中させることの出来ない学問（経済学）には「価値はない」と思うのだ。

予測が当たるか外れるか。経済学などは、いわば「占い」のようなものである。要するに「当たるも八卦《はっけ》・当たらぬも八卦」で、結果的には「巨大な転換点」（バブル経済崩壊）を予測することも出来なかった。経済学に予測能力は存在しない。それでは「占い」と変わらない。

さて、ここでは経済学のことはどうでもよい。本項で指摘したい点は「日本人の『占い発想』では未来を予測することは出来ない」ということだ。では、どうすればよいのか。そのためにこそ「本書が存在する」と言えるのだ。

▼「先にゴールをつくる」のがユダヤの発想と手口

日本人の発想が「占い発想」（当たるも八卦・当たらぬも八卦）であるとしたら、ユダヤ人の発想はどうなのか。結論から言えば、彼らは「予測」はしない。

では、どうするのか。彼らは自分で「未来」（自分にとって都合のよい未来）を作り出すのだ。そして、他人には「予測」が当たったかのように錯覚させるのだ。それを象徴する一つの寓話が存在する。

これは「中世ヨーロッパでの話」である。ある時、土地の村人が森の中に入っていくと、不思議な光景に出くわした。

そこは森の中だから周囲には多くの樹々が存在する。そして、その樹々の幹々には「弓矢の標的」が描いてある。その標的の数は百以上もあった。

村人にとっての驚きは、森の中の樹々の幹々に描かれたすべての標的の真ん中に「矢が命中していた」ということだ。村人は「不思議なこともあるものだ」と首をかしげた。

そこに旅のユダヤ人が通りかかった。中世のヨーロッパ世界ではユダヤ人は差別されていた。それで一カ所に定住することなく旅をする者も多かった。

彼は一本の樹の前に立つと、至近距離から弓を引いて樹の幹に矢を命中させた。そして刃物を取り出すと、その周りに円を描き始めた。矢の周辺に小さい円。その周りに大きい円。その周りにさらに大きい円。最初、彼が何をしているのかわからなかった村人にも、作業がここまで進むと、その行動が解明できた。

彼は「矢の周辺に標的を描いている」のである。一連の作業が終わると「標的の真ん中に矢が命中している光景」が出来上がった。このタネ明かしが意味するところは何か。

ユダヤ人のやり方は最初に「ゴール」を作っておいて、あとでそのまわりを固めていくのだ。それがユダヤ人のやり方だ。日本人は「矢が標的の真ん中に的中している」のを見ると、それを「矢を射た結果」と素直に判断する。だが、そうではないかも知れないのだ。ユダヤ人の発想と手口は「先にゴールが存在する」ということだ。彼らは矢を射たあとで周囲に標的を描く。

ゴールドマン・サックスは「予言の実行者」なのである

先には「ゴールドマン・サックスの予言は的中する」と述べた。もちろん、個別に見れば外れる予言もあるのだが、それは彼らの陽動作戦なのである。

その証拠に、細かい予言は外しても、全体としては「予言を的中させている」。それゆえに彼らは「大儲けをしている」のである。彼らの予言が外れるのは「単に外れた」ということもあるし、同時に世界経済情勢の根幹に関わるレベルでは「地球人民への『陽動戦略』で『騙しの予言』を提示している」ということもある。彼らのやることには「ウラのウラ」「ウラのウラのウラ」が存在するのだ。彼らの「騙しの世界」には「奥深い騙しの世界」が存在する。そのことを述べた上で、私は明確に断言しておく。

本章における結論は「ゴールドマン・サックスは『予言の実行者』なのである」ということだ。真面目な読者は「そんなバカな話があるものか」と反論するかも知れないが、この第一章は「本書全体の土台」に過ぎない。以下、本書ではその背後に潜む国際金融勢力と彼らの動きを様々な観点から解き明かしていく。今、日本人が知るべきは「個別の経済情勢の動き」ではなく、その背後に潜む「国際金融資本家による世界支配構造」なのである。

次章では「米国の投資銀行＝ゴールドマン・サックス」が、二十世紀の世界情勢にどのような影響を与えたか。そのことを深く透視する。その上で同社がどのような会社であるか、同社の動きを「創業の時代から現代まで」、一気に解読してみることにしよう。そうすることで（現代世界経済情勢の背後に潜む）「彼らの動き」が見えてくる。

先に結論を言うならば、世界と日本の「バブル経済の発生と崩壊」は、彼らの「謀略」によるものなのだ。それは近未来においても同じである。その「単純なトリック」が透視できないと、私たちは現代世界経済情勢の動きを全部「偶然の出来事」として捉えることになるのである。そして右往左往を繰り返す。これは阿呆らしいことなのだ。

本書の立場から言うならば、現代世界経済情勢に「偶然の出来事」などは存在しない。細かい経済変動はともかく、大きな動きは全部「仕掛けられた謀略」なのだ。だがそのことをどうやって透視するのか。彼らの「謀略」を暴くためには「二十世紀の世界（米国）経済史」を繙《ひもと》いてみる必要がある。次章でも話はじわりじわりと進めていく。

【第二章】

ゴールドマン・サックスが「世界経済」をコントロールしている

▼経済学者ガルブレイスの著書『バブルの物語』を解読する

戦後の日本人に一番有名な米国の経済学者は誰かといえば、それはやはり「ガルブレイス」であろう。彼の著書『不確実性の時代』は日本でも大ベストセラーとなった。

一九七〇年代末に発刊された同書は、米国でテレビ放送された内容を土台にまとめたもので、中身は「世界経済史」とでも呼ぶべきものだ。そのような硬い書物が世界でも日本でも驚くほどに売れたのだ。こんなことは滅多にあることではない。彼の書物が爆発的に売れた理由は、当時、世界中の人々に「おかしいぞ」（不確実性）という疑念の心があったからだ。

同書がベストセラーとなった「一九七〇年代末」には、世界でも日本でも（目の前の時代状況を認識するにあたっては）「不確実性の時代」ということが、一つの同意概念となっていた。そこには暗黙の時代感覚が存在した。

その事実を踏まえた上で、過去を振り返って言うならば、不透明な時代状況は何も今に始まったことではなく――すでに三十年以上前の段階で――、世界は「不確実性の時代」に突入していた。そして、そのことを世界中の人々が暗黙のうちに深く同意していたのである。だが、日本人はそのような時代感覚を喪失した。よって、一九八〇年代には日本で「バブル経済」が発生した。これは端的な事実である。時代感覚の喪失とバブル経済の発生には一つの因果関係が存在する。

さて、米国の経済学者ガルブレイスは、一九九〇年に『バブルの物語』という書物を上梓した。日本語版は一九九一年に発刊されたが、その冒頭に「日本版への序文」がある。

最近の日本経済を見ると、株価の高騰とそれに続く鋭い反落とが印象的である。努力することなしに自分が金持ちになっていくのを目のあたりに見て、しかも自分は当然それに値するのだと信じている人たちがいるものであるが、そうした人たちの心を貫き支配しているあの熱狂が東京証券市場に存在しないと考えるのはむずかしそうである。〔中略〕
次に、不動産。特に東京における不動産の問題がある。不動産価格がその数年間にいかに高騰したかは、近代経済学の奇蹟の一つとなっている。最近東京を訪れた人は誰しも、ごく小さな土地が信じられないほどの価格で転売されているという話を聞かされる。十九世紀における不動産価値の有名な批判者であったヘンリー・ジョージが攻撃してやまなかった不労所得がこれほど目ざましく生じたことは、世界史上これまで全くなかった。(『バブルの物語』ジョン・K・ガルブレイス、鈴木哲太郎訳、ダイヤモンド社)

要するに、経済学者ガルブレイスは「現代世界における日本人のバカさ加減は『世界史レベルの珍事』である」と揶揄《やゆ》しているわけである。以下ではガルブレイスの著書『バブルの物語』をテキストに「ゴールドマン・サックスの動き」を解読していく。

▼ドイツにヒトラーが登場してきた時代背景

二十世紀における世界経済情勢の超重大事件は「一九二九年におけるニューヨーク株式市場の大

暴落」だった。そのことについては述べるまでもないだろう。

一九二九年十月、ニューヨーク株式市場の大暴落に際しては、投資に全財産を注ぎ込んで、それを失った人々が、次々にビルの窓から飛び降りるという惨事が発生した。

一九二〇年代のアメリカは「黄金の時代」を満喫していた。なのになぜ、そんな事態になったのか。その背後には世界経済情勢における大変動が存在した。時代を遡って考えてみよう。

一九一〇年代の世界では「第一次世界大戦」（一九一四〜一八年）が発生した。世界大戦とはいうものの、実際に「破壊の戦場」となったのはヨーロッパだった。

その戦争にアメリカは途中から参戦して、結果的に「漁夫の利」を得た。ここで漁夫の利というのは、途中参加のアメリカが戦勝国の一員となったというだけのことではない。

第一次世界大戦が終わった時、ヨーロッパ全土は焼け野原だった。だが、アメリカは無傷だった。ヨーロッパの戦後復興のためには、アメリカの工業力が必要だった。よって、第一次世界大戦後、アメリカの産業界は増産に増産を繰り返し、ヨーロッパに製品を売った。

早い話、当時アメリカの産業界は「作れば売れる」「黙っていても売れる」「黙っていなくても売れる」という状態で、これは「濡れ手で粟《あわ》」以外の何ものでもない。

このような経緯で一九二〇年代のアメリカは「黄金の時代」を迎えることになった。そして同時に（このような時代の延長線上に）アメリカでは「バブル」が発生した。

☀「一九二〇年代」＝「アメリカでは『バブル経済』が発生した」

当時、アメリカの国民は猫も杓子《しゃくし》も「投資」にカネを突っ込んだ。その狂騒は「投資をしない奴はバカだ」「真面目に労働する奴は頭がおかしい」と言わんばかりだった。

一九二九年、アメリカのバブル経済は崩壊し、ニューヨーク株式市場は大暴落した。その火花は世界中に飛び火した。一九三〇年代の世界は「大恐慌」となった。

一九三〇年代の世界は、どの国もどうにもならないわけである。投資をしていた者は一文無しに成り下がった。投資をしていない者は元々カネを持っていない。そのような中で超インフレは起こるわ、企業は生産が出来ないわ、失業者はあふれるわ、政府はどうすることも出来ないわ——。ということで、世界中は悲鳴をあげることになったのだ。

そして、世界はどうなったのか。一九三〇年代の世界大恐慌の中からドイツにはヒトラーが登場してきた。当然の因果関係がここにある。第一次世界大戦の敗戦国ドイツは戦勝国から「莫大な賠償金」を科せられていた。これだけでも苦しいのに、次にはそこに「世界大恐慌」が重なった。こうして、当時ドイツ国民の生活は目茶苦茶なものとなっていた。そこに総統ヒトラーが現われたのだ。ドイツ国民は彼を英雄のように歓迎した。そして、世界は「第二次世界大戦」(一九三九〜四五年)へ突入していくわけである。

▼ゴールドマン・サックスが米国経済をぶち壊した

一九二〇年代、アメリカでバブルが始まったのはニューヨーク株式市場(ウォール街)ではなくて、当初はフロリダでの大不動産ブームだった。

投資家が土地を買う頭金は「一〇%」でよかった。そして、その一〇%の頭金を払って買った土地の値段は（投機が本格化した一九二四年から二五年には）数週間で倍になった。それなら借金をしてでも次々に土地を買った方が得である。もちろん、そのようなことが永遠に続くはずはないのだが、当時はその勢いに拍車がかかった。それが「バブル」というものだ。そして、このバブルがニューヨークのウォール街に飛び火した。

一九二四年、ニューヨーク株式市場に上場されている企業の株価が上昇を始めた。一九二七年にはフロリダの不動産バブル崩壊の影響を受けるなど、株価上昇の途中では何度かの反落はあったが、バブルに躍る投資家はそんなものなど歯牙《しが》にもかけない。ニューヨーク株式市場の株価はぐいぐいと上昇を続けた。その背後には何があったか。

当時、ゴールドマン・サックスをはじめとする米国金融機関は「ユニット型投資信託」を販売した。これは「てこ（レバレッジ）の原理」を利用するもので、理論的にはいくらでも儲けることが出来るというものだった（念のためだが述べておく。「理論的にはいくらでも儲けることが出来る」ということは「実際的には儲けることが出来ない」ということだ。その点は昔も今も同じである。信じる者は騙されるのだ）。

一九二一年、米国のある金融会社（ユナイテッド・ファウンダーズのグループ）は最初に「ユニット型投資信託」の販売活動を始めた。だが、それは失敗した。この会社は友人から五〇〇ドルを資本として出してもらうことによって救われた。つまり、同信託は元々「目茶苦茶な商品」だったわけである。それから、同社はどうなったのか。

その後、この会社は、金を借り、他の証券へ投資するための資金にあてるために証券を売り出した。こうして保有するに至った証券の額は、やがては約一〇億ドルに達した。五〇〇ドルという当初の投資額から始めて、一〇億ドルの価値のある資産を持つに至ったのであって、これは「てこ」の作用としては史上空前のものであったと言ってよい。(『バブルの物語』ジョン・K・ガルブレイス)

一九二〇年代、米国の金融会社における右のような動きは、まっとうな商売人から見れば、実に馬鹿げたものである。だが、これはまだ序の口の話なのだ。その背後にはゴールドマン・サックスが存在する。

これについて、ガルブレイスは「これに劣らず劇的だったのは、ゴールドマン・サックスが行なった『てこ』の華麗なショーであった」として、次のように述べている。

ゴールドマン・サックス・トレーディング会社は、ゴールドマン・サックスによって一九二八年に設立され、その唯一の目的は普通株の所有および投機であった。この会社の株が最初に公開されたとき、その金額は一億ドルであって、とりたてて大きな金額と言えるほどではなかった。この収入は他の証券の購入にあてられた。(同書)

つまり、ここで「ゴールドマン・サックス」は「ゴールドマン・サックス・トレーディング会社」を設立した。これが「華麗なショーの第一歩」である。そして、どうなったのか。

次の年の夏、トレーディング会社はシェナンドア会社というものを設立し、その株式および優先株は公開したが、普通株の保有による会社の究極的な支配権はトレーディング会社が持ち続けるようにしておいた。シェナンドアの目的もまた、普通株を購入・保有することだった。それが保有する株の価値が高まると、その利益が帰属するのは普通株主――特にトレーディングを含む――であって、固定配当を受ける優先株主ではなかった。（同書）

つまり「ゴールドマン・サックス」の子会社「ゴールドマン・サックス・トレーディング会社」は、さらにその下に「シェナンドア会社」を設立した。そして、その儲けは全部上位会社（ゴールドマン・サックス・トレーディング会社）に吸収されることになっていた。

これは「華麗なショーの第二歩」である。それからどうなるのか。おそらく彼らは次にも同じことをやるだろう。彼らの手口は常に同じだ。

シェナンドアは、同じ手順を踏んで、ブルー・リッジという会社を創立した。ブルー・リッジの普通株の価値が高まると、「てこ」の働きとして、その利益はシェナンドアの普通株主に帰属した。このように価値が増大すると、めぐりめぐってトレーディング会社の保有資産の価値がいっそう大幅に増加することになったわけである。(同書)

つまり「ゴールドマン・サックス」の子会社「ゴールドマン・サックス・トレーディング」の子会社「シェナンドア」は、さらにその下に「ブルー・リッジ」を設立した。そして、その利益は全部、上位会社に吸収されることになっていた。

●「ゴールドマン」↓「トレーディング」↓「シェナンドア」↓「ブルー・リッジ」

この構造の正体はすでにおわかりだろう。これは「ねずみ講」なのである。つまり「上」が「下」を作って「上」が「下」を搾取する。そして「下」は「さらにその下」を作って、「下」は「さらにその下」を搾取する。だが、この構造は到底、維持できるものではないのである。

なぜならば、この「組織拡大構造」(上↓下)と「利益収奪構造」(上↑下)は(順調にカネが回っている時はともかく)カネが回らなくなると「全部が崩壊する」からだ。

日本でも幾多の「ねずみ講」が一時的に拡大はしても「最後には全滅を繰り返してきた」のは、この構造には「最初から無理がある」ためだ。

破綻《はたん》することはわかりきっているが、一九二〇年代ゴールドマン・サックスはそれを確信犯として実行した。その結末をガルブレイスは次のように述べている。

ここで一つ見落とされていたのは、こうしたプロセスが逆の方向に働くとすればどうなるか、ということだった。この場合には、固定利率で支払わねばならぬ債務があるのに、会社が保有する株の市場価値も、その株からあがる収益も、減少するわけである。この減少は確実に起こった。ゴールドマン・サックス・トレーディング会社の株は一〇四ドルで発行され、その数カ月後には二二二・五ドルまで上がったのであるが、一九三二年の晩春には一・七五ドルとなってしまった。（同書）

当時の個人投資家の立場からの「結末」はこうだった。

☀【個人投資家の財産消滅】＝「二二二・五ドル」↓「一・七五ドル」

投資したカネが「二〇〇分の一」に減少する。これではカネが「紙クズになった」のも同じである。これでは投資家はビルから飛び降りたくもなるだろう。

さて、経済学者ガルブレイスは「インテリ」だから、このような彼らの動きを「ゴールドマン・サックスの華麗なショー」と表現している。だが、その本心は「ゴールドマン・サックスの騙しのビジネス」に他ならない。米国の経済学者ガルブレイスは「世界経済史の流れ」を解剖する立場から「ゴールドマン・サックスを告発している」わけである。

政府の要職に次々に就任するゴールドマン・サックスの幹部たち

米国経済を動かす要《かなめ》となるのが「財務長官のポスト」であることは言うまでもない。そのポストにゴールドマン・サックスの幹部は次々に就任する。具体的に見てみよう。

近年、財務長官に就任したゴールドマン・サックスの幹部には「ロバート・ルービン」と「ヘンリー・ポールソン」が存在する。彼らはどのような人物なのか。

ロバート・ルービンはゴールドマン・サックスの会長兼最高経営責任者の一人で、同社の業績を大きく伸ばした。一九九〇年代、クリントン政権が誕生すると、彼は経済担当大統領補佐官に就任した。一九九五年には財務長官に出世した。クリントン政権の次には「ブッシュ政権」(子ブッシュ政権)が誕生した。その三番目の財務長官に就任したヘンリー・ポールソンもゴールドマン・サックスで会長兼最高経営責任者を務めた人物だった。

二〇〇六年五月三十日、ブッシュ大統領はジョン・スノー財務長官の辞任を受け入れると、後任にゴールドマン・サックスのヘンリー・ポールソン会長兼最高経営責任者を指名した(同氏は上院の承認を得て就任した)。この経緯はどういうことだったか。

スノー長官は二〇〇三年二月にオニール前長官の後任として就任。ブッシュ政権にとって、ポールソンは三人目の財務長官となった。なぜ、ブッシュは財務長官を替えたのか。

この時、ブッシュ政権は十一月の中間選挙を控えていた。支持率低迷に悩むブッシュ政権は三年近く続く景気拡大を有権者にアピールしたかった。ボルテン大統領首席補佐官がスノー長官の更迭を求め、その後釜に金融界からの大物起用が検討されていた。

ところで、こうしてゴールドマン・サックスのヘンリー・ポールソンを財務長官に推薦したボルテン大統領首席補佐官は、実は「ゴールドマン・サックスの出身者」である。彼は一九九九年まで同社の執行役員で、二〇〇六年四月、大統領首席補佐官に就任した人物であった。

☀「四月、ボルテン大統領補佐官」↓「五月、ヘンリー・ポールソン財務長官」

つまり、ゴールドマン・サックス出身者が「政府要職」をお手盛りでたらい回しにしているわけだ。これは「大変よくできた仕組み」である（もちろん皮肉で言っている）。

ゴールドマン・サックスの記録によると、同社幹部で政府の要職に就任した者は十名を数える。この段階、同社トップが政治の世界に転職するのは四人連続。ロバート・ルービンと共同CEOを務めたスティーブ・フリードマンも政権に加わった。ポールソンと共同CEOを務めたジョン・コーザインは上院議員を経て、ニュージャージー州知事となった。

では、現在の情勢はどうなのか。バラク・オバマ大統領とゴールドマン・サックスの関係はどうなっているのか。そこには両者の友好関係ではなく上下関係が見える。

▼オバマ大統領の背後には「誰」が存在するのか

オバマ大統領への大口献金企業の一社は「ゴールドマン・サックス」だった。言うまでもなく、政治家への献金は「無意味」に行なわれるものではない。そんな献金は存在しない。

政治参加に熱心な一般市民の「小口献金」ならばともかくも、ゴールドマン・サックスのような謀略的大手企業による「大口献金」の場合には「単なる献金」などではあり得ない。そこには「献金者の意志」が存在する。出資者は「命令者」でもある。

要するに、オバマは「ゴールドマン・サックスに飼われた犬」なのだ。さて、オバマとは一体どのような存在なのか。オバマ大統領の背後については、次のことも述べておこう。

オバマは「シカゴ出身の政治家」だが、米国「シカゴ」といえば（一九三〇年代の禁酒法時代に密造酒販売で儲けたマフィア首領アル・カポネ以来）「シカゴ・マフィア」が有名である。彼は「そこから出てきた政治家」である。政治家には土地の有力者とのコネクションが絶対的に重要なのだ。オバマの背後には「シカゴ・マフィア」も存在する。

オバマ大統領の大統領選挙戦、資金集めの責任者であったペニー・プリッツカーは、有名なハイアット・ホテルのオーナー経営者であり、シカゴ・マフィアのボスでもある。

彼は「マーモン・グループ」と呼ばれる企業グループを経営している（同グループはシカゴの鉄道網を支配し、レジャー施設を経営する）。同企業グループの本拠地はウクライナにある。なぜ、ウクライナなのか。彼はウクライナ生まれで「ウクライナ・マフィア」として名前を上げたのち、アメリカのイリノイ州シカゴに移住し「シカゴ・マフィア」となった。よって、現在彼の経営する企業グループは「ウクライナの鉄道、不動産、レジャー施設経営」を担い、その木材等をアメリカに輸出する窓口企業となっている。

この企業グループの株式の六〇％を握る共同経営者は「ウォーレン・バフェット」が経営する投資会社パークシャー・ハザウェイである。では、ウォーレン・バフェットとはどのような人物なのか。一九九〇年代、世界金融恐慌を引き起こし、一九九一年のアメリカとイラクの「湾岸戦争」の誘因を作ったギャンブル投機会社「ＬＴＣＭ」（ロング・ターム・キャピタル・マネージメント）の経営者がウォーレン・バフェットであり、その資金はロスチャイルド配下のゴールドマン・サックスから出資されている。

また、ゴールドマン・サックス元会長兼最高経営責任者のロバート・ルービンはクリントン政権では財務長官を務めたが、オバマ政権では「金融政策の最高ブレーン」となっている。

このように、オバマ大統領の周辺では「全部がつながっている」のである。ここで読者は次の流れだけを明確に理解してほしい。

> ☀「欧州ロスチャイルド家」↓「米国ゴールドマン・サックス」↓「オバマ大統領」

▼ゴールドマン・サックスの歴史を徹底的に解読する

ゴールドマン・サックスの歴史を創業時代から見ていくことにしよう。その歴史を通しては次の三点が明確に指摘されることになるだろう。

☀「ゴールドマン・サックスと『欧州ロスチャイルド家』との関係」
☀「ゴールドマン・サックスと『リーマン・ブラザーズ』との関係」
☀「ゴールドマン・サックスはどのようにして米国政権内部に潜り込んだか」

一八四八年、ユダヤ系ドイツ人マーカス・ゴールドマンが移民として米国に移住した。彼は「ゴールドマン・サックスの創業者」となるわけだが、なぜ、彼は米国に移住することになったのか。その背後にはフランス革命以降のヨーロッパ世界の大動乱が存在する。

ユダヤ系ドイツ人マーカス・ゴールドマンが米国に移住する約六十年前（一七八九年）――。フランスでは革命が勃発した。ブルボン王朝下のフランスでは、自由と平等を求めるパリ市民が立ち上がり、当時の王政国家体制を丸ごとぶち壊すという「大革命」が勃発した。そして、彼らは国王ルイ十六世と王妃マリー・アントワネットの首を斬った。

その革命のゴタゴタの中からナポレオンが登場してきた。そして、ヨーロッパ世界では「ナポレオン戦争」（一八〇一～一四年）が勃発した。

フランス革命の英雄ナポレオンは「戦争の天才」だった。彼の辞書に「不可能」の文字はない。英雄ナポレオンが率いるフランス軍は連戦連勝、向かうところ敵なし。「ヨーロッパ全土を支配する」勢いだった。だが、ロシア遠征でケチがついた。ロシア遠征に失敗してから、ナポレオンの運命は一気に下り坂となった。結末として、彼はセントヘレナ島に流され、そこで死んだ（正確には砒素《ひそ》を盛られて殺された）。

その後、ヨーロッパでは「旧体制《アンシャン・レジーム》」が復活するが、それも安定しない。一度動き始めた体制破壊は、行き着くところまで行かねば止まることはないのである。

一八四八年にはヨーロッパ各地で「革命的大反乱」が爆発した。当時、ヨーロッパ世界の人々は全土で怒り狂っていたのだ。ヨーロッパ世界は大動乱の中にあった。共産主義者カール・マルクスが『共産党宣言』を出版したのも同じ年のことである。そして、マーカス・ゴールドマンが移民として米国に移住したのは、まさに「この年」のことである。

先に「彼が米国に移住した背後には、フランス革命以降におけるヨーロッパ世界の大動乱が存在する」と述べた理由がわかるだろう。ついでにアメリカの情勢も見ておこう。

一八四五年、アメリカは「テキサス共和国」（一八三六年にメキシコから独立し、翌年には米国政府の承認を受けた）を併合した。その後、「メキシコ戦争」（一八四六〜四八年）に勝利して南西部一帯の広大な土地を領土に加えた。しかも、同年（一九四八年）には新領土のカルフォルニアで金鉱が発見された。アメリカ国内では「ゴールドラッシュ」が発生し、人口移動が激化した。まさに当時のアメリカは「フロンティア（辺境）開発」の時代である。だが、アメリカには「奴隷制度」が存在した。それゆえ、それからまもない時代には「南北戦争」（一八六一〜六五年）が起こるのだ。

ユダヤ系ドイツ人マーカス・ゴールドマンが移民として米国に移住したのは、まさにこのような時代である。そして、彼はこのような大動乱の時代の中を生きていくことになるのである。

▼ゴールドマン・サックスと「ロスチャイルド家」の連合体が形成される

一八六九年、ユダヤ系ドイツ人移民のマーカス・ゴールドマンは「借用証書ブローカー業」を開業した。個人会社「マーカス・ゴールドマン商店」の誕生である。

その店舗の場所は「ニューヨーク・マンハッタンにある狭苦しい地下の一室」で、事務員は若い男の子一人だけ。午後になると、普段は葬儀屋で働くパートの経理員が出勤してきた。

ここから「世界最強の投資銀行＝ゴールドマン・サックス」は始まった。一八八二年には娘婿のサム・サックスを招き、社名を「M・ゴールドマン・サックス」に変更する。

一八八五年、さらに社名を変更し、新社名は「ゴールドマン・サックス」となる。このような動きの中で、同社のビジネスは次第に軌道に乗ってきた。

一八九六年、ニューヨーク証券取引所の会員となる。ここまでの三十年間を同社の「創業時代」と見ることが出来るだろう。この創業の時代を経て、彼らは成り上がっていくのである。どのような手段で？　そこには「ロスチャイルド家」との関係がある。

一八九七年、娘婿のサム・サックスは英国ロンドンに出張して資金調達を図る。ここで「ゴールドマン・サックスとロスチャイルド家の連合体が形成された」のだ。なぜ、そういうことが言えるのか。ここは本書の手の内をさらけ出しつつ具体的に述べてみる。

以下、ゴールドマン・サックスの歴史を解読するテキストは、米国の著作家リサ・エンドリックの著書『ゴールドマン・サックス』を使用する。念のためだが、彼女は「元ゴールドマン・サックスの社員」（＝同社入社後は外国為替部門のトレーダーとなり、ヴァイス・プレジデントの肩書を得ている）である。それゆえ、彼女は書きにくい事実を、ぼかしている箇所がある。その部分は私が背後を透視して解読してみる（もしかすると彼女自身も事実を掴んでいないのかも知れないが、普通に考えてそんなことはあり得ない。読者には「彼女の記述」と「私の透視的解読」のどちらが真実であるかを考察してみていただきたい）。

さて、一八九七年、サム・サックスは英国ロンドンに出張して資金調達を図った。当時のサム・サックスの動きをリサ・エンドリックは次のように記述している。

海外での資金調達に機会を見出したサム・サックスは、一八九七年六月にロンドンを訪れ、当時の名門マーチャント・バンクの一つ、クラインウォート・サンズ社のハーマン・クラインウォートとアレキサンダー・クラインウォートに会った。（『ゴールドマン・サックス』リサ・エンドリック、斎藤聖美訳、早川書房）

それで、一体どうなったのか。彼女の文章の「行間」を深く読み取らねばならない。

クラインウォートの二人は興味を示したが、ゴールドマン・サックスのことを何も知らなかった。NMロスチャイルド（引用者注：これは「ロスチャイルド家が経営する銀行」である）のニューヨークの代理店、オーガスト・ベルモントを通じて彼らはこの新参者の調査を行なった。

調査の結果はなかなか好ましいものだった。ベルモントは、ゴールドマン・サックスが「非の打ち所のない会社だ」と評した。クラインウォートはロンドンの一流銀行で、その名は広く響きわたっており、彼らとの関係はかけがえのないものとなった。両社は、一八九七年共同事業体を作りだし、その後何十年と成功を続けていった。(同書)

右の文章はクラインウォートの動きを中心に書かれており、「ロスチャイルド家に絡む記述」としては「NMロスチャイルドのニューヨークの代理店、オーガスト・ベルモントを通じて、彼らはこの新参者の調査を行なった」としか触れられていない。だが、これは著者のリサ・エンドリックが「元ゴールドマン・サックスの社員」らしく、しらばっくれた記述なのだ。

欧州ロスチャイルド家は(米国支配の先兵として)「オーガスト・ベルモント」を送り込んでいた。よって、サム・サックスが英国ロンドンに出向いた背後には「ロスチャイルド家の先兵オーガスト・ベルモントの指図があった」と判断するべきなのである。

先に述べたように、前年(一八九六年)ゴールドマン・サックスは「ニューヨーク証券取引所の会員」となっている。この段階で「ロスチャイルド家の先兵オーガスト・ベルモントはゴールドマン・サックスを調査している」はずである。そんなことも出来ないような(バカで間抜けな)「ロスチャイルド家の先兵」が存在するはずがない。よって、翌年(一八九七年)の段階で「この新参者の調査を行なった」などということはあり得ない。

☀「一八九六年」＝「ニューヨーク証券取引所の会員となる」（調査をされた）
☀「一八九七年」＝「サム・サックスはロンドンに出張した」（指示があった）

読者の中には「深読みし過ぎ」と思う人がいるかも知れない。だが、そうではないのだ。今、首をかしげている人はもう一度、「先の引用文」を読んで欲しい。その記述を素直に読むだけでも「ロスチャイルド家とクラインウォート家の特殊な関係」はわかるはずだ。

つまり、両家が「特殊な関係」にあればこそ、（英国クラインウォート家が「新参者の調査」をするのに）「NMロスチャイルドのニューヨークの代理店、オーガスト・ベルモントを通じて――」という記述が成り立つわけである。要するに英国クラインウォートは「欧州ロスチャイルド家の別動隊」ということなのだ。

そして「両社（＝ゴールドマン・サックスとクラインウォート）は、一八九七年共同事業体を作り出し、その後何十年と成功を続けていった」というリサ・エンドリックの文章は「クラインウォート」をそのまま「ロスチャイルド家」と置き換えることが出来る。

それが本書の表現では「一八九七年、ゴールドマン・サックスとロスチャイルド家の連合体が形成された」ということになる。そして、その後どうなったのか。

両社のパートナーたちの交信記録を見ると、個人的にも仕事の上でも、楽しい関係を築いていたことがわかる。彼らは相互に経済情況や相場、新規事業の機会に関する意見を交換したり、温かい個人的なメッセージを交わしている。ゴールドマン・サックスのパートナーたちはイギリスに行くと、クラインウォート家の郊外の家で週末を過ごした。クラインウォート側も、この関係から大きな利益を得た。一九一三年にヘンリー・ゴールドマンに宛てた手紙には、両社の関係がさらに強固なものになることを望むと書かれている。ゴールドマン・サックスが一九七〇年までロンドンに事務所を開設せずにいた理由は、一つには、友人であるクラインウォート家の気分を害するのではとの配慮があったためである。(同書)

読者は右の文章の背後に「ロスチャイルド家の存在」を明確に透視すべきだ。ゴールドマン・サックスとクラインウォートとの交流の背後には、ロスチャイルド家が存在する。

サム・サックスはパリとベルリンでも同様な関係を築き、外国部は急速に拡大していった。一九〇六年には、この部門だけで五〇万ドルの利益を計上するまでになっていた。(同書)

さて「サム・サックスはパリとベルリンでも同様な関係を築き」――。ロスチャイルド家の詳細は後章で述べるが、ロスチャイルド家の始祖には「五人の息子」が存在した。

彼らは「イギリス」「フランス」「ドイツ」「オーストリア」「イタリア」でロスチャイルド家のビジネスを展開した。右で「サム・サックスはパリとベルリンでも同様な関係を築き」という時、その背後に「誰」がいるかは言うまでもないだろう。このようなサム・サックスの動きの背後には常に「ロスチャイルド家」が存在したのだ。

そして、どうなったのか。ユダヤ系移民の会社「米国ゴールドマン・サックス」は（欧州ロスチャイルド家との連携で）「外国部は急速に拡大していった。一九〇六年には、この部門だけで五〇万ドルの利益を計上するまでになっていた」（同書）

▼ゴールドマン・サックスと「リーマン・ブラザーズ」の連合体も形成された

一八八五年、創業者マーカス・ゴールドマンの息子「ヘンリー・ゴールドマン」が入社してきた。彼は「フィリップ・リーマン」と深い関係にあった。

ヘンリー・ゴールドマンは（のちに）「ゴールドマン・サックスの経営者」となる。これは不思議なことでも何でもない。経営者の息子が会社を継いだだけだ。問題は次である。

つまり、彼と深い関係にあった「フィリップ・リーマン」とは誰なのか。これは「リーマン・ブラザーズ」の経営者の息子なのだ。二〇〇八年に倒産して世界経済情勢に「リーマン・ショック」を引き起こした、あの「リーマン・ブラザーズ」である。

日本人は「ゴールドマン・サックスとリーマン・ブラザーズは『競合企業』である」と考える。だが、一歩踏み込むと、そこには「異なる関係」が見えてくる。

要するに「ゴールドマン・サックスとリーマン・ブラザーズは元々『同僚会社』なのである」。本書なりに表現すれば「両社は初めから『連合体』を形成している」となる。

では、ヘンリー・ゴールドマンとフィリップ・リーマンの関係はどうであったか。

二人の友人はマンハッタンのダウンタウンのレストラン、デルモニコの二階で毎日昼食を共にし、ゴールドマン・アンド・リーマンという名前で引受会社を設立することを検討した。が結局は、それぞれの家族が経営する会社で、共同引受を行なうことを決めた。この提携関係に基づいて、ゴールドマン・サックスとリーマン・ブラザーズは株の引受を共同で行ない、利益を折半した。この関係が長く続いたのは、ゴールドマン・サックスが顧客を持ち、リーマン・ブラザーズが資金を持っていたためであった。（同書）

ここには何の手品も存在しない。「ゴールドマン・サックスとリーマン・ブラザーズの両社は初めから『連合体』なのである」。そして、両社はうまくやった。

当時、ゴールドマン・サックスは「小売業」に目をつけていた。当時のビッグ・ビジネスである「鉄道事業」や「電力事業」は「大手三社」（JPモルガン、クーン・ローブ社、スパイヤー社）に牛耳《ぎゅうじ》られていたからだ。念のため申し上げるが、この大手三社も全部「ロスチャイルド家の配下」である。米国の金融業界は「ロスチャイルド家の王国」なのだ。

当時、シアーズ・ローバック社（将来小売業の巨人となる会社）が設立され、同社はゴールドマン・サックスの資金調達を得て拡大を続けていた。

一九〇六年、ゴールドマン・サックスとリーマン・ブラザーズは「合同」で、シアーズ・ローバック社の株式公開を手がけることになった。当時、シアーズの年間売上高は五〇〇〇万ドル。

ゴールドマン・サックスとリーマン・ブラザーズは優先株と普通株の一〇〇〇万ドルの株式公開引受を行なった。

ところで、普通に考えると、これはべら棒なやり方なのだ。というのは、年間売上高に対して株式公開引受額が大き過ぎる（引受会社にとってリスクが高いということ）。それでどうしたか。彼らは損をすることはしないのだ。

この時、両社は優先株には「シアーズ社の資産」を担保とした。そして、普通株には「シアーズ社の暖簾代《のれん》」（営業権などの無形資産）を担保とした。ゴールドマン・サックスとリーマン・ブラザーズの引受会社二社は優先株を一般に販売し、普通株は自社で保有することにした。そして、どうなったか。

シアーズ社は、独り立ちしたばかりの会社の信用を高めるために役員になってほしいと、ゴールドマン・サックスとリーマン・ブラザーズに依頼してきた。普通株は一株五〇ドルで発行され、一九〇七年の銀行恐慌時にはわずか二五ドルまで下落した。しかし、一九〇九年にリチャード・シアーズ（引用者注：シアーズ社の創業者二人のうちの一人）が持ち株の三分の一を売却すると決め、ゴールドマン・サックスがシンジケートを組んで買い取った時には、その金額は九〇〇万ドルにもなっていた。それより先立つことわずか三年前には、同社の時価総額は一〇〇〇万ドルと評価されていたにすぎない。（同書）

三年前には総額で「一〇〇〇万ドル」であったものが、三年後には（創業者片方の持ち株の三分の一が）「九〇〇万ドル」になっている。どれほどの価値の上昇であるかがわかるだろう。

ゴールドマン・サックスとリーマン・ブラザーズの「連合体」がどのようにして儲けていたかが見える話だ。両社は「別々の会社であって・別々の会社ではない」のである。

シアーズ社の株式公開を成功させて、ゴールドマン・サックスとリーマン・ブラザーズは「FWウールワース」（米国の有力流通企業）の株式公開引受主幹事の地位を獲得した。

その後三十年間、両社はまるで「二つの会社」のように「発行体五六社」「発行案件一一四」の引受を共同で行なった。第二次世界大戦前には両社の案件は公募価格が決まる前から完売するまでになっていた（両社は一九三六年に「覚書」を交わして、正式に関係を清算した。だが、それで両社の関係が「完全に切れた」わけではない。人間の世界はそのようなものではないのである。両社の特別な関係は「継続していた」と見るべきだ）。

ゴールドマン・サックスは「世界大恐慌の時代」を作り出した

当時のゴールドマン・サックスは（創業者のマーカス・ゴールドマンが死んで）「息子のヘンリー・ゴールドマン」と「娘婿のサム・サックス」が経営していた。

そして「第一次世界大戦」（一九一四〜一八年）が勃発した。ドイツが英仏を敵に回して戦った。米国は英仏側についた。

このような情勢の中で、ゴールドマン・サックスは分裂した。ユダヤ系ドイツ移民の子であるへンリー・ゴールドマンは「ドイツ支持」、娘婿のサム・サックスは「英国支持」だった。

結局、ドイツ支持のヘンリー・ゴールドマンは退社することになり、以降、ゴールドマン・サックスは「サックス家のビジネス」となった。では、この流れを世界経済情勢レベルで俯瞰するとどうなるか。この段階でゴールドマン・サックスは「欧州ロスチャイルド家に完全に組み込まれた」のである。なぜ、そういうことが言えるのか。一八九七年に英国ロンドンを訪問して「クラインウォート」（ロスチャイルド家）と提携をしたのがサム・サックスであったことを思い出せばわかるはずである。

そして、米国にとって「黄金の一九二〇年代」がやってくる。この時、ゴールドマン・サックスが何をやったかは先に述べた通りである。

一九二〇年代、ゴールドマン・サックスは「バブル経済」を作り出した。そして、ニューヨークの株式市場が大暴落してバブル経済が崩壊すると、一九三〇年代の世界は「世界大恐慌の時代」へと突入していくことになるのである。アメリカの経済学者ガルブレイスはその著作の中で、ゴールドマン・サックスの名前を挙げて彼らの動きを糾弾していた。

▼「米政権中枢」に入り込んで動き出すゴールドマン・サックス

一九三〇年代、ゴールドマン・サックスの経営者に「シドニー・ワインバーグ」が登場してくる。彼の時代は「約四十年」（一九三〇年〜一九六九年）にわたって続く。

シドニー・ワインバーグは「二十世紀最大の投資銀行家」と言われている。本書の立場から見るなら、これは「二十世紀最悪の投資銀行家」と言っても同じである。

☀「シドニー・ワインバーグの時代」（一九三〇年〜一九六九年）

シドニー・ワインバーグは（ゴールドマン・サックス経営者としての人生の中で）「ルーズベルト」「トルーマン」「アイゼンハワー」など歴代の米国大統領と深い関係を結んだ。彼ら歴代大統領は第二次世界大戦（一九三九〜四五年）を挟み、世界情勢を大きく動かした者たちだ。

彼らの背後には常に「ロスチャイルド家」が存在する。これについては後章で述べる。同時にシドニー・ワインバーグは米国政財界内部に触手を伸ばした。そして、戦後には米国最大企業フォード社の株式公開の幹事会社を務めるなど、さらなる飛躍を作り出すのだ。

一九五六年、米国の雑誌『ニューヨーカー』は次のように書いている（リサ・エンドリック『ゴールドマン・サックス』より引用）。

ワインバーグは、一流投資銀行、ゴールドマン・サックスのシニア・パートナーである。と同時に、他に例を見ないほど多数の大手企業の社外取締役を務め、さまざまな財界人のアドバイザーであり、彼の言葉には大統領も熱心に耳を傾ける。ウォール街の外ではその名前はあまり知られていないが、彼は全米でも有数の影響力を持つ男である。

一九五六年（昭和三十一年）といえば、日本ではいわゆる「五五年体制」（自由党と民主党が合併して自由民主党が生まれ、同時に保革の対立構造が完成した）が構築された翌年である。その時代、アメリカはどうであったか。それは右の通りである。つまり、「ウォール街の外ではその名前はあまり知られていないが、彼（ゴールドマン・サックスのシドニー・ワインバーグ）は全米でも有数の影響力を持つ男である」。この表現は、ワインバーグこそが「米国の真実のパワーの存在場所」だと看破している。

☀「ガス・レビーの時代」（一九六九年〜一九七六年）

一九六九年、シドニー・ワインバーグは他界した。次には「ガス・レビー」という男が登場してきた。彼は「米国ユダヤ社会の首領」である。なぜ、そのような人物が「ゴールドマン・サックスのトップ」に君臨することになるのか。

その答は簡単だ。繰り返して述べているように、ゴールドマン・サックスの背後には「ロスチャイルド家」が存在する。ロスチャイルド家はユダヤ人だ。よって、この流れの延長線上で「米国ユダヤ社会の首領ガス・レビー」が「ゴールドマン・サックスのトップ」に君臨することになったのである。そこには何の手品も存在しない。

さて、ガス・レビーは何をやったか。彼はゴールドマン・サックスのビジネスに「裁定取引」を導入するのだ。裁定取引とは何ぞや。「サヤ取りビジネス」（先物取引その他で値段の差に着目して利益を上げる取引）のことである。普通の生活者の感覚で言えば「カネを儲けるために金融専門家が穴場を見つけるビジネス」だ。そして「米国ユダヤ社会の首領」でゴールドマン・サックスのトップとなったガス・レビーは「裁定取引の専門家」だった。

裁定のビジネスは、ヘンリー・ゴールドマンが四十年前に着手した後、放置されていた分野であった。〔中略〕レビーはウォール街の偉大な裁定取引者として知られるようになり、後に、アシスタントだったボブ・ルービンと共に、ゴールドマン・サックスを世界に冠たる裁定取引業者の地位に引き上げた。（『ゴールドマン・サックス』リサ・エンドリック）

ここで出てくる「ボブ・ルービン」はのちに「ゴールドマン・サックスのトップ」となり、さらに米国の財務長官へとのし上がるロバート・ルービンのことである。彼の動きについてはあとでじっくりと述べる。この人物は世界経済をぶち壊す最大元凶の一人である。

✹「二人のジョンの時代」（一九七六年〜一九八四年）

一九七六年、ガス・レビーは脳卒中で死亡した。彼の後には「二人のジョン」（ジョン・ワインバーグとジョン・ホワイトヘッド）が登場してきた。このうちジョン・ワインバーグは「シドニー・ワインバーグの息子」である。つまりワインバーグ家は二代続けて「ゴールドマン・サックスのトップ」に君臨することになるのである。

ホワイトヘッドより三年半年長のジョン・ワインバーグは、学校こそ同じ出身であったが、育った世界はまったく違っていた。夏休みの間、ゴールドマン・サックスで働いただけでなく、生まれたときから、彼は会社とともに育ったも同然であった。〔中略〕ジョン・ワインバーグは著名な父の影響を大きく受け、プリンストン大学では「会社取締役の地位と機能」というテーマで卒業論文を書いた。（同書）

ジョン・ワインバーグは生まれた時から「ゴールドマン・サックス」の一員だった。一方、もう一人の「ジョン・ホワイトヘッド」はどうだったか。彼は（ジョン・ワインバーグのような生まれと育ちではないが）同僚のワインバーグと共にゴールドマン・サックスで働くうち、徐々に「同社の色」へと染まっていく。そして、同社を引退すると、彼はレーガン政権入りをするのである。本書の視点からは、ゴールドマン・サックスで働く人間は「誰も同じ」に見える。日本流には「金太郎飴」と言うべきか。

ゴールドマン・サックスに「ロバート・ルービン」が登場してきた

さて、ここからは「現代世界経済情勢」に直結する流れである。バブル経済が崩壊して苦しむ日本国民は、ゴールドマン・サックスの「ロバート・ルービン」を記憶すべきだ。彼は前述の通り、クリントン政権では財務長官、現在のオバマ政権では「金融政策の最高ブレーン」となっている。現政権を動かす最大キーマンの一人である。

✹「ルービンとフリードマンの時代」(一九八四年〜一九九〇年)

一九八四年、ジョン・ホワイトヘッドの引退によって「二人のジョンの時代」は終わった。次には「ロバート・ルービン」と「スティーブ・フリードマン」が登場してくる。

彼らの登場で、ゴールドマン・サックスは誰も予想し得なかった進化を遂げる。時代は大きく動き始めていたのだ。同社の動きにも拍車がかかり、すべての動きがスピードアップすることになった。同社の歯車はフル回転を始めるのである。

> ルービンとフリードマンは社内で最も収益性の高い部門を担当していた。ルービンはリスク裁定一筋で、一九八一年に商品相場の会社J・アロンを買収した後には、同社の経営にも携わった。フリードマンはM&A(企業買収・合併)部門ができてまもなくからの部員である。二人の担当する業務はいずれも動きが早く、案件志向が強く、スピードと判断力が最も必要とされるビジネスである。(同書)

当時の米国金融業界の変化についても述べておこう。一九七〇年代以前には企業や銀行における

「M&A」（企業買収・合併）は敵対的なものではなく、買収を強行することはなかった。だが、一九七〇年代に入ると変わってきた。ゴールドマン・サックスをはじめとする投資銀行が突如として変身し、企業買収は友好的に行なわれるべきだという一世紀以上にわたって続いた伝統が、全部吹っ飛んでしまったのである。そのような獰猛化した世界の真ん中にルービンとフリードマンは存在した。

一九七〇年代〜一九八〇年代、ゴールドマン・サックスは「M&A」で大躍進した。その大半は「ゴールドマン・サックスとモルガン・スタンレーの八百長」と言われている。

さて、両者の中で注目すべきはやはり「ロバート・ルービン」だ。彼は「要注意人物」である。ロバート・ルービンの動きについてはその動きの本質を大きく暴き出すべきだ。

ロバート・ルービンは一九四八年、「ユダヤ系ロシア移民の子」として生まれた。ユダヤ系移民が創立した「ゴールドマン・サックス」は「ユダヤ人の会社」だ。そして、ユダヤ系ロシア移民の子は先祖の国「ロシア」を舞台に悪事を働くことになるのである。

ロバート・ルービンはハーバード大学とエール大学を卒業し、弁護士となった。二十八歳でゴールドマン・サックスに入社し、五年後には（準経営者の）「パートナー」となり、入社十四年後には「経営委員会のメンバー」入りを果たす。

驚異的なスピード出世だ。それだけではない。一九七九年からは「ニューヨーク先物取引所の理事」を兼務。一九八三年には「証券取引委員会（SEC）の顧問」に就任。彼は社内の出世階段を駆け上がると同時に、業界レベルでも重要人物の一人となった。

彼は一九八七年には「ゴールドマン・サックスの最高執行責任者」、一九八九年には「連邦準備制度理事会の国際資本市場顧問委員」となった。そして、翌年には「ゴールドマン・サックスの共同会長」に就任した。四十二歳で「ゴールドマン・サックスのトップ」である。さて、問題はここからだ。舞台は「一九九〇年代のロシア」である。

ロバート・ルービンは「泥棒ビジネス」を取り仕切る

ルービンが「ゴールドマン・サックスの共同会長」に就任した年（一九九〇年）——、日本では「バブル経済」が崩壊した。前後して世界では東西冷戦が終結した。そして、ソ連が崩壊することになった。共産主義ソ連は「資本主義ロシア」となったのだ。

☀「一九九〇年代」＝「共産主義ソ連」↓「資本主義ロシア」

このような体制の激変期には、必ずある出来事が発生する。それは「ユダヤ人の動き」である。念押しするが、これは「単なる事実」であって「ユダヤ人差別」や「ユダヤ人陰謀論」ではない。当時の日本はバブルが崩壊してガタガタの時代である。よって、私たちは世界で何が起こっているかを本当には知ることがなかった。だが、ロシアではトンデモない事件が起こっていたのだ。この時、ロシアでは「驚天動地のビジネス」が展開された。率直に表現すれば、外国のユダヤ人集団が無防備なロシア国家とロシア人の富を根こそぎ略奪していったのだ。これは「泥棒ビジネス」と言うべき「ロクでもないビジネス」だった。そして、その泥棒ビジネスの中心にいたのが、ゴールドマン・サックスの「ロバート・ルービン」だった。

一九九〇年代の日本では（日本長期信用銀行の「乗っ取り＝買収劇」に代表されるように）多くの日本企業・日本人の財産がゴールドマン・サックスをはじめとする外資系金融機関に買収された。一九九〇年代のロシアでは、それと「同じようなこと」（実質的にはそれより百倍も阿漕《あこぎ》なこと）が日々繰り返して行なわれたのだ。

一九九〇年代、ロシアは（同時代の日本よりも酷いかたちで）「外国資本の餌食《えじき》」となった。なぜ、そのようなことになったのか。当時は共産主義ソ連が崩壊したばかりで、全国民が茫然自失の状態だった。そこへ「資本主義」というものが入ってきたのである。

だが、過去七十年以上の歳月にわたって共産主義国家の中で生きてきたロシア人には、資本主義がどういうものであるか皆目見当もつかなかった。「資本主義」を知っているつもりの日本人でも、外資系金融機関の動きには手も足も出なかったのだから、ましてや「一九九〇年代のロシア国民」が彼らに「どれほどのことをされたか」は容易に推察されよう。ロシアの富の大半は外資系金融機関に巻き上げられた。その狡猾な手口を本書では「泥棒ビジネス」と呼んでいる。

先には「ロバート・ルービンは『泥棒ビジネス』の親玉である」と指摘した。公的には彼の立場は次のようなものだった。これは奇妙なる真実である。

☀「奇妙な真実」＝「ロバート・ルービンは『ロシア国家の最高財政顧問』だった」

国家の最高財政顧問が「泥棒ビジネスの親玉」であるのだから、一九九〇年代のロシア経済がガタガタになるのは当然だ。

そもそも、ロシア（ソ連）は何度も騙され続けているのである。一九一七年、当時のロシア帝国は（国際金融資本家の謀略によって）「ロシア革命」を引き起こされ「共産主義ソ連」となった。ロシア革命を率いたレーニン（及びその他の共産主義者）は「国際金融資本家の手下」だった。

そして一九九一年、共産主義ソ連が崩壊すると（国際金融資本家の謀略によって）、右に述べたようにして「ロシアの富」を略奪された。一九八五年に登場してきたゴルバチョフ大統領は「国際金融資本家の手下」だった。要するに「ロシアの流れ」はこうである。

☀「一九一七年」＝「ロシア革命」＝「レーニンは国際金融資本家の手下」
☀「一九九一年」＝「ソ連邦崩壊」＝「ゴルバチョフは国際金融資本家の手下」

さて、ゴールドマン・サックスの「ロバート・ルービン」だ。一九九〇年代、ロシアで「泥棒ビジネス」を敢行した彼は米国では何をやったか。彼はここでも暴れ出す。

一九九二年、ルービンは「パメラ・ハリマン」と組んでビル・クリントンを大統領に押し上げると同時に、自ら財務長官に就任した。「超円高」を仕組んだのも彼である（パメラ・ハリマンは「ブッシュ一族のビジネスパートナーである米国ブラウン・ハリマン銀行の経営者エイブリル・ハリマン」の妻である。彼らは全員、欧州ロスチャイルド家の資本の流れの中に存在する）。

一九九九年に財務長官を退任すると、ルービンは「シティグループ共同会長」に就任した。念のためつけ加えるが、同社は「エンロンを破綻に導いた会社」である。そして彼は今、オバマ大統領の「金融政策の最大ブレーン」となっている。ここで理解するべきは「米国の政財界は全部グル」という構造だ。このインチキ構造は「過去・現在・未来にわたって同じ」である。

▼株式公開によってゴールドマン・サックスの大進撃が始まった

一九七四年、ヘンリー・ポールソンは「ゴールドマン・サックス」（シカゴ支店）に入社した。同社における彼の履歴は次の通りだ。

- ☀「一九八二年」＝「パートナー（準経営者）に選ばれた」
- ☀「一九九〇年」＝「投資銀行部門の共同責任者に任命された」
- ☀「一九九九年」＝「ゴールドマン・サックスの単独CIO（単独情報責任者）となる」

さて、創業以来、ゴールドマン・サックスは「パートナー制」をとっていた。同社は上場会社ではなかった。株主は同社のトップとパートナーだった。だが、それも変わるのである。

ヘンリー・ポールソンが「単独CIO」となったのは、一九九九年一月のことだった。同社は株式公開に向けて動き始める。そして、五月には上場された。

☀「一九九九年五月四日」＝「ゴールドマン・サックスが株式を上場した日」

前日、株式公開価格は「一株＝五三ドル」と決められた。当日、ニューヨーク証券取引所での初値は「一株＝七六ドル」をつけた。そして、同社のパートナー制は終焉した。

株式上場により、同社のパートナー二二一人は「巨富」を得た。その額は頭割りで（一人当たり）「約六八億円」。トップの数人は「二四〇億円」の資産を得た。それだけではない。この時、同社の従業員一万三〇〇〇人に対しても（平均で）「四六〇〇万円分の株」が割り当てられた。同社関係者は全員が「大儲け」をしたのである。そして、彼らはさらなる「大儲け」を目指して走り始めることになるのだ。ゴールドマン・サックス株式公開の二カ月後、ロバート・ルービンは財務長官の座を去った。彼も大儲けをしたことは言うまでもない。一九九九年はゴールドマン・サックス関係者にとって「濡れ手で粟」というべき年だった。そして、彼らは次なる獲物——日本列島へ乗り込んでくることになるのである。

▼未来を予測するためには「歴史の海」に沈潜するべし

本章では「米国の投資銀行ゴールドマン・サックスがどのような企業であるか」を様々な観点から述べてきた。同社は極めて特殊な企業である。要点を簡単に振り返る。

約百四十年前（一八六九年）、同社はユダヤ系ドイツ移民のマーカス・ゴールドマンによって設立された。そしてそこに娘婿のサム・サックスが入ってきた。そして同社は発展の坂道を駆け上がっていくことになるのだが、その大きな契機となったのは、娘婿のサム・サックスが英国ロンドンに出張したことだった。ここで米国の投資銀行ゴールドマン・サックスは「欧州ロスチャイルド家のネットワーク」に組み込まれた。

この事実は（過去・現在・未来の）「ゴールドマン・サックスの動き」（大きくは「世界経済情勢全体の動き」）を透視する上で「絶対的に重要な事実」なのだが、一般的にはそのことは隠されている。たとえば本章で「ゴールドマン・サックスの歴史」を解読するにあたっては米国の著作家リサ・エンドリックの著書（『ゴールドマン・サックス』）を用いた。だが彼女はそのような重要な事実については全部ぼかして書いている。

彼女は「ゴールドマン・サックスの元社員」なので「米国ゴールドマン・サックスは『欧州ロスチャイルド家のネットワーク』に組み込まれている」という重要な事実については述べないのである。この世では肝心要の事実は全部隠されることになっている。だがこのような「根本的事実」が透視できないと、私たちの「現代世界経済情勢を見る目」は根本から狂ってしまうことになる。それゆえ現代日本経済は危機に陥っているのである。

現代世界情勢を解読して近未来世界を予測するときに絶対的に必要な資質は「隠された根本的事実」を「確実に透視する」ということだ。そうでないと世界を見る目が全部狂ってくるからだ。賢明な読者諸氏には繰り返しになって恐縮だが、本章における重要ポイントを改めて大きくまとめておこう。なぜならばここから話を深めていくにあたっては、（細かい事実はともかく）「根本的重要ポイントは確実に押さえておく必要がある」からだ。

- 「ゴールドマン・サックスの背後に『欧州ロスチャイルド家』が存在する」
- 「ゴールドマン・サックスとリーマン・ブラザーズは『同僚会社』だった」
- 「ゴールドマン・サックスは『世界大恐慌の時代』を作り出した」（一九三〇年代）
- 「ゴールドマン・サックスは『米国政府中枢』に潜り込んでいる」（一九三〇年代〜）
- 「ゴールドマン・サックスは『ロシアの富』を盗み出した」（一九九〇年代）

繰り返して述べる。米国の投資銀行ゴールドマン・サックスは「極めて特殊な企業」である。その根本は背後に欧州ロスチャイルド家が存在するということ。そのことについては充分にご理解いただけたものと思う。だがここまでは「基礎知識の段階」に過ぎない。

これから本書が取り上げる問題は、その「特殊な企業」ゴールドマン・サックスが「現代世界経済情勢をどのように動かしているか」ということ、同時に「近未来世界をどのように作り上げようとしているか」という点である。

さて、それでは私たちはこれをどのように考察するべきなのか。

未来を予測するためには「歴史の海」に沈潜するべし。そうすると、世界経済情勢の背後とその構造が誰の目にも見えてくるのだ。ここを透視することができれば、近未来世界がどうなるかは考えなくてもわかるようになるのである。
さらに話を深めていこう。

【第三章】

ゴールドマン・サックスの背後に「世界経済史の巨大な秘密」が存在する

▼世界経済史に隠された「巨大な秘密」を暴露する

本書では「ゴールドマン・サックスの予言と地球管理スケジュール」を解読した上で、同社がどのような企業であるか、創業以来のその動きを透視してきた。

米国の投資銀行＝ゴールドマン・サックスは（一八六九年の創立以来、世界歴史の流れの中で）「米国経済」と「世界経済」に巨大な影響を与えてきた。では、そのパワーの根源は何なのか。本章では「ゴールドマン・サックスの背後」を深く透視していく。

先に結論を述べるなら「米国の投資銀行＝ゴールドマン・サックス」の背後には「欧州ロスチャイルド家」が存在する。そして、さらに背後には「ユダヤ人世界」が存在する。

一般的な「世界経済情勢に関する書物」では、このようなことは論じられないかも知れないが、それでは議論は的外れになる。なぜならば「動きの根本原因を押さえていない」からである。本章で述べる構造を図式化する。次の図式は下から上へと読むべきものだ。

☀「ユダヤ人世界」↑「欧州ロスチャイルド家」↑「米国ゴールドマン・サックス」

先にも申し上げたが、本書で述べることは「ユダヤ人差別」や「ユダヤ陰謀論」ではない。現代世界経済情勢の背後に潜む「単なる事実」だ。世界経済史の秘密を知るためには「ユダヤの秘密」を知らなければならない。そこに「トンデモない事実」が浮かび上がってくる。

ここから先、私たちは「歴史の海」に沈潜する。そして、その歴史の巨大潮流の中を古代から現代まで一気に泳ぎ抜くことになる。これは歴史の秘密の流れである。

▼ユダヤ教の秘密と総司令部サンヘドリンという存在

紀元前一二〇〇年頃、古代エジプト帝国は「世界最強の帝国」だった。当時の地中海世界で古代エジプト文明は「世界最高の文明」を誇っていた。古代ローマ帝国はまだ影も形もない時代である。古代エジプト帝国にユダヤ人は「奴隷民族」として存在していた。

☀【ユダヤ教の秘密1】＝「ユダヤ人は『古代エジプトにおける奴隷民族』だった」

なぜ、そのようなことになったのか。その数百年前、ユダヤ人の「ヨセフ」という男が古代エジプト帝国で「宰相」の地位に上り詰めた。そして、親族全員を呼び寄せた。ここに古代イスラエル十二部族が誕生した。それを契機にユダヤ人集団は続々とエジプトに集合した。だがその後、数百年の経緯の中で、彼らは奴隷民族に落ちぶれてしまったわけである。

そこに「モーゼ」という男が登場した。彼は奴隷のユダヤ人集団を古代エジプト帝国からまとめて脱出させることになる。これが旧約聖書にある「出《しゅつ》エジプト」であり、その脱出劇は映画『十戒』のテーマでもある。エジプトを脱出したモーゼは、ある日シナイ半島の山上で「神」（ヤハウエ）から「十戒」（十個の戒律）を授かり、ここに「ユダヤ教」が誕生する。宗教としての性格はさておき、指摘したいのは「出エジプトの経緯」である。

つまりモーゼ以下、ユダヤ人はどうやってエジプトを脱出したか。彼らは身体一つでエジプトを脱出したわけではないのである。彼らは一人ひとりが（金銀財宝を含む）エジプトの富を身につけてエジプトを脱出した。そのようにモーゼが指示したのである。それゆえに「ファラオ」（古代エジプトの王）の軍隊は逃げる彼らを追撃することになった。

元々、ファラオはユダヤ人がエジプトを出ることを承認していた。それなのに軍隊を差し向けたのは、彼らが「エジプトの富」を盗み出したからなのだ。

旧約聖書では（ユダヤ人が逃げるにあたって）「神が海を引き裂いて道を作った」とされている。そして、それを追撃するファラオの軍隊は、両側から迫る海の壁に押し潰されて、全軍が海の藻屑《もくず》と消えた。読者もご存じであろう。だが、それが本当でもウソでも私たち日本人には関係がない。日本人が知るべきは「彼らがエジプトの富を盗んで逃げた」という事実だ。よって、次に私たちが認識すべきは次のことである。

☀【ユダヤ教の秘密2】＝「モーゼは『古代エジプトから富を盗み出した大盗賊』だ」

さて、ユダヤ人のエジプト脱出から約千二百年後。ユダヤ人の世界に「イエス」という人物が登場した。彼が「イエス・キリスト」（救世主イエス）である。キリスト教の世界で、イエスの教えは「愛の教え」と言われている。彼は「互いに愛し合いなさい」と教えたからだ。だが、彼はそれによって殺されたわけではない。イエスは「反逆的な男」だった。反逆者イエスは「金権ユダヤ支配階級」を批判したがゆえに殺されたのだ。

☀「金権ユダヤ支配階級に対するイエスの言葉」＝「あなた方の父は悪魔である。悪魔は常に偽りを言い、人殺しである」（『ヨハネの福音書』）

当時の「金権ユダヤ支配階級」はどのような存在であったか。イエスの言葉には、その正体が的確に表現されている。そして、彼らは現代世界にも存在している。

このような流れの中で、イエスは十字架にかけられた。金権ユダヤ支配階級（＝「悪魔」＋「偽り」＋「人殺し」）がイエスをローマ帝国に売ったのだ。西暦三〇年のことである。

磔刑《たっけい》から三日後、イエスは「復活した」とされている。それは「生身の復活」とも「霊的な復活」とも言われるが、本当のところはわからない。歴史的認識としては、イエスは十字架にかけられて死んだ。ここから「キリスト教」が誕生することになるわけだが、それはもうしばらくあとのことである。とにかく、ここで私たちが知るべきは「なぜ、イエスは殺されたのか」という理由だ。反逆者イエスは「金権ユダヤ支配階級を批判したので殺された」のである。金権ユダヤ支配階級がイエスを殺したのだ。

☀【ユダヤ教の秘密3】＝「イエスは『金権ユダヤ支配階級』に殺された」

イエスを殺した報いでもあろうか。それから四十年後、ユダヤはローマ帝国に滅ぼされた。西暦七〇年のことである。

そして、どうなったのか。ここに「ユダヤの総司令部サンヘドリン」という存在がある。これは「イエス抹殺を決定した組織」である。当時のユダヤは古代ローマ帝国の支配下にあったが、自治を許されていた。そのユダヤ最高議会がサンヘドリンだ。ここは議会であり裁判所であり宗教機関でもあった。「ユダヤ支配階級の最高議決機関」と言ってもよい。金権体質の彼らは人民に対しては傲慢だった。それをイエスは批判した。ゆえに彼らはイエスを殺した。イエスの死は「宗教問題」ではなく「政治問題」なのである。

西暦七〇年、エルサレムの神殿が破壊されて以降、彼ら（サンヘドリン）は地下に潜った。つまり「彼らは見えない存在となった」のである。だが、確かに彼らは存在し、ユダヤ同胞に指示を与える力を維持していた。これは重要な事実である。

☀【ユダヤ教の秘密4】＝「ユダヤ世界に『総司令部サンヘドリン』が存在する」

地下に潜った「ユダヤ総司令部＝サンヘドリン」は、その後も世界各地のユダヤ人に極秘の指示を与え続けた。彼らは世界中に散らばったが、常に「統一された存在」だった。

ユダヤ民族の団結力は「日本人には想像することも出来ない」ものなのだ。その絶対的相違を理解しなければ、日本人が世界を理解することは永遠に不可能となるのである。

さて、右には「ユダヤ教の秘密」として四点を指摘した。それらは「四点」ではあるが、実は「一点」でもある。その意味はわかるだろう。要するに彼らユダヤ人（金権ユダヤ支配階級）は「カネのためなら何でもやる」ということだ。彼ら金権ユダヤ支配階級にとって「人を殺すこと」などは「屁の河童」の話である。そのことはイエスも指摘していた。そして、イエスは（自らが暴いた秘密の通りに）抹殺されてしまったわけである。さて、普通の日本国民にはここまででも充分に恐ろしい話だが、本書が洞察する「ユダヤ教の秘密」にはさらに奥の院が存在する。本当に恐ろしいのはここからだ。

カザール帝国から生まれた「仮面をつけた偽ユダヤ人集団」という存在

私たちはユダヤ人というのは「一種類」（単一民族）であると考えている。

つまり、日本人の常識では「ユダヤ人」とは「モーゼに率いられてエジプトを脱出したユダヤ人」あるいは「イエスを殺したユダヤ人」のことである。

日本人にとっては、彼らが「ユダヤ人」なのであり、それ以外に「ユダヤ人」というのは存在しない。だが、事実はそうではないのである。前項までに述べたユダヤ人が「ユダヤ人A」（本当のユダヤ人）とするならば、現実世界（歴史世界）には「ユダヤ人B」（偽ユダヤ人）というのが存在するのだ。これはどういうことなのか。

☀︎「ユダヤ人A」＝「本当のユダヤ人」＝「イエスを殺したユダヤ人集団」
☀︎「ユダヤ人B」＝「偽者のユダヤ人」＝「仮面をつけた偽ユダヤ人集団」

紀元七〇年、古代ローマ帝国は「ユダヤ王国」を滅亡させた。ユダヤのエルサレム神殿は完全に破壊され、ユダヤ人は世界中に離散することになった。だが、彼らの背後には「総司令部サンヘドリン」が存在した。それは地下に潜った存在であるから、異教徒の人間の目には見えない。どこにあるかもわからない。それゆえ、これは「ユダヤ地下政府」と呼ぶべき存在だ。世界中に離散したユダヤ人は彼らの指示に従って動いていた。

七四〇年、南ロシアに「カザール帝国」（ハザール帝国）が存在した。ここは「白人トルコ系カザール民族」（ハザール民族）が建国した帝国である。その王が「ユダヤ教」に改宗した。その結果、カザール民族は全員が「ユダヤ人」ということになったのだ。

☀︎「七四〇年」＝「カザール民族は全員が『ユダヤ人』ということになった」

その当時、カザール帝国はキリスト教徒とイスラム教徒の攻撃にさらされていた。キリスト教に改宗すればイスラム教徒に攻撃される。イスラム教に改宗すればキリスト教徒に攻撃される。それで国王ブランは「ユダヤ教」に改宗した。

ゆえにカザール民族は全員が「ユダヤ人」ということになったのだ。当時はキリスト教徒もイス

世界の歴史の中に「仮面をつけた偽ユダヤ人集団」が存在する

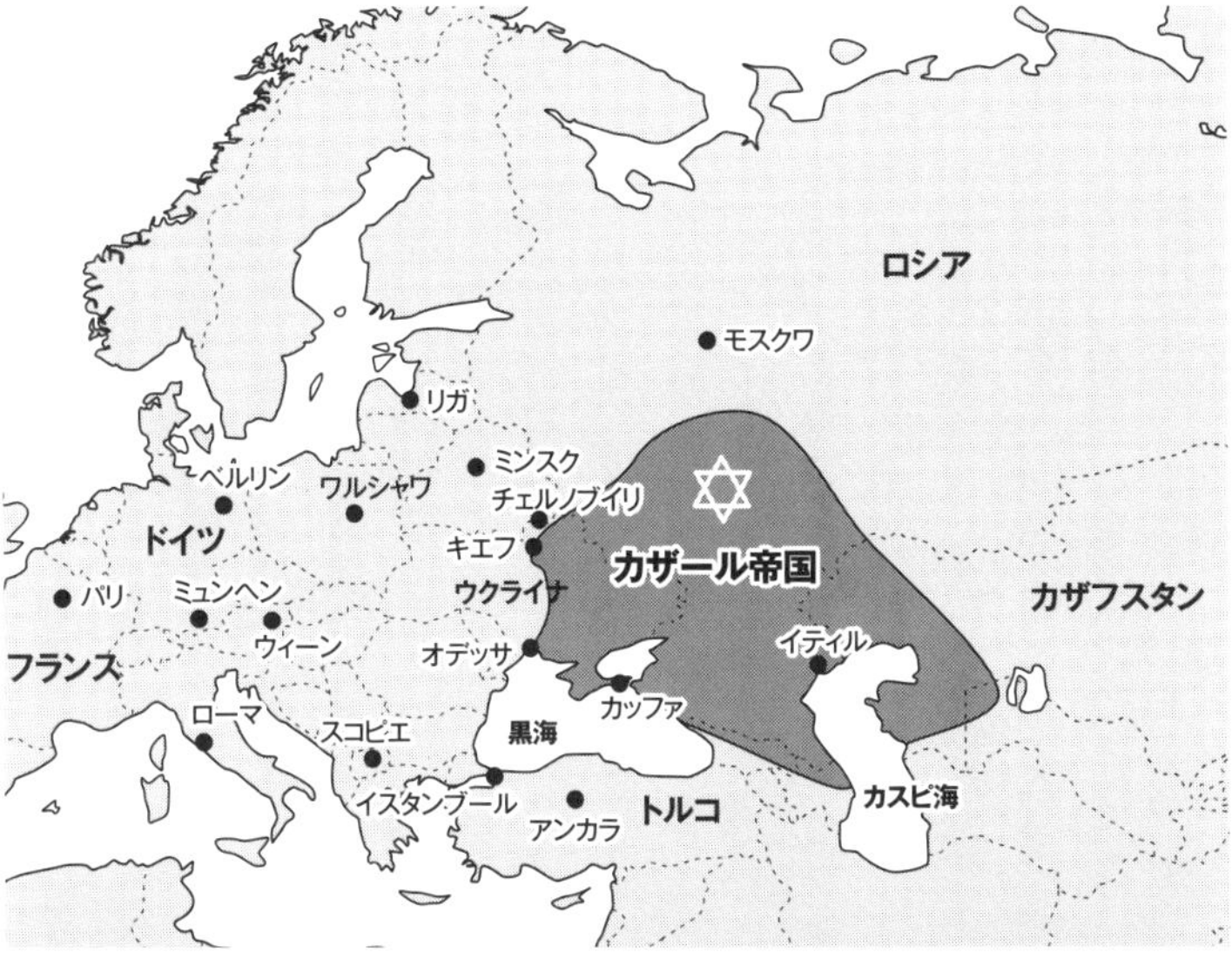

世界には「2種類のユダヤ人」が存在する

◉ひとつは「本当のユダヤ人」（スファラディー）である

西暦30年、彼らはイエス・キリストを十字架にかけて殺した
西暦70年、国家が滅亡すると、彼らは世界中に離散した

◉もうひとつは「仮面をつけた偽ユダヤ人」（アシュケナージ）である

西暦740年、カザール民族は「ユダヤ教」に改宗した
西暦1243年、カザール帝国が滅亡すると、彼らは東欧を経てドイツに流れた

◉マルクス、フロイト、アインシュタイン、キッシンジャーなど、世界で有名なユダヤ人は全員「仮面をつけた偽ユダヤ人」（アシュケナージ）だ

◉欧州ロスチャイルド家をはじめとするユダヤ国際金融資本家も全員「仮面をつけた偽ユダヤ人」（アシュケナージ）だ

◉第2次世界大戦後、イスラエルを建国したのは「仮面をつけた偽ユダヤ人」（アシュケナージ）だ

◉現代世界は「仮面をつけた偽ユダヤ人集団」が支配している

ラム教徒もユダヤ人とは交易していた。だから、ユダヤ教に改宗したカザール帝国は攻撃対象とならず、彼らと交易することが出来る。それゆえ国王の決断は間違いではなかった。だが、この改宗がその後の歴史の中で、実にややこしいことになるのである。

つまり、世界には「二種類のユダヤ人」が存在する。一つは「ローマ帝国に国家を潰され世界に離散したユダヤ人」。彼らの多くはイベリア半島（スペイン・ポルトガル）に住んでいたが、十五世紀末に追い出され、ヨーロッパ内陸部に移動した。一四九二年、コロンブスがアメリカ大陸に向かったのは「ユダヤ人を逃がすこと」が目的だった。彼もユダヤ人だったからである。ユダヤ人はどこにでも存在しているわけである。さて、イベリア半島にいたユダヤ人。彼らは「スファラディー」（スペインのユダヤ人）と呼ばれる。

もう一つは「カザール民族が改宗したユダヤ人」。一二四三年、カザール帝国は滅亡した。それで、彼らは東欧を経てドイツへと流れた。彼らは独自の言語（イディッシュ語）を使っていたが、自らは「アシュケナージ」（ドイツのユダヤ人）と称した。

> ☀「スファラディー」＝「本当のユダヤ民族」
> ☀「アシュケナージ」＝「白人トルコ系カザール民族」（ユダヤ教に改宗した）

後者（アシュケナージ）のことを本書では「仮面をつけた偽ユダヤ人集団」と呼んでいる。「悪意」によるものではない。「単なる事実」である。

アシュケナージ（カザール民族）の著作家アーサー・ケストラーは次のように述べている（蛇足ながら、原著が発刊されたのは「一九七六年」のことである。つまり、一九七〇年代には「カザール民族のユダヤ教への改宗」は世界では明らかとなっていた。厳密に言えば、それ以前の段階でもそのことは知られていた。知らないのは日本人だけだ）。

カザール王家の改宗が疑いなく政治的動機によるものとしても、彼らが教義も知らない宗教を一夜のうちに盲目的に奉じたと考えるのは馬鹿げている。実際のところ、改宗の少なくとも一世紀前から、彼らはユダヤ人とその宗教戒律をよく知っていた。ビザンチン（引用者注：キリスト教国家の東ローマ帝国のこと）の宗教的迫害を逃れて難民が絶えず流れ込んでいたし、アラブに征服された小アジアの国々からも、規模は小さいが難民がきていたからである。〔中略〕北方の未開な国の中ではカザール国は比較的文明国家であったし、しかもどちらの好戦的な教義にも与していなかった。そのため、無理やり改宗を迫られたり、他の圧力のもとにあるビザンチンのユダヤ人が決行する断続的な脱出行の自然な避難所となったのである。（『ユダヤ人とは誰か』アーサー・ケストラー、宇野正美訳、三交社）

カザール帝国の王ブランは「適当にユダヤ教に改宗した」わけではない。そこに至るまでには「一世紀の前史」があった。そして、彼は「よく考えてユダヤ教に改宗した」のである。

ロシアの考古学者・歴史学博士プリェートニェヴァは次のように述べている（この書物の翻訳で

は「ハザール」となっているが「カザール」のこと。発音表記の問題に過ぎない)。

地方貴族、ユダヤ教に改宗しなかった貴族(その中には、キリスト教徒もイスラム教徒もいた)は、一致団結して、国家指導部に刃向かったのである。これは、ハザールの「フロンドの乱」といってよいであろう。その後、百年も過ぎてのことであるが、コンスタンティノス七世はこう書き記す。〔中略〕「権力からの離反が起こり、内乱の火の手があがったが、権力側が勝利し、反乱者の一部は皆殺しにされ、一部は逃れて、トルコ人(ハンガリア人のこと)と共に、現在のペチェニェグ人の土地に移り住み、互いに友好関係を結び、カバル人(プリツァクによると中国資料では阿跋《あばつ》)とよばれるようになった。(『ハザール謎の帝国』S・A・プリェートニェヴァ、城田俊訳、新潮社)

カザール帝国の王ブランによる「ユダヤ教への改宗」と同時に、国内では「皆殺しが発生した」のである。西暦三〇年、ユダヤ人は救世主イエスを殺したが、八世紀になっても、こうして「皆殺し」が起こっている。彼らの世界には「殺し」がつきまとうようである。

イスラエルの歴史学者(アシュケナージ)シュロモー・サンドは次のように述べている(原著はヘブライ語で出版されて、二〇〇八年に仏語版、二〇〇九年に英語版が出た。日本語版は二〇一〇年に刊行された。近未来、「カザール民族のユダヤ人への改宗」は「歴史の常識」となるだろう。その時世界は間違いなく大激震する。世界はひっくり返るのだ)。

東欧のユダヤ人がドイツ西部の出身であるという主張は、人口次元でもこれに「反する」データにぶつかる。一一世紀から一三世紀に、マインツやウォルムスからケルンやストラスブールにいたる領域にいたユダヤ教徒の数は、極めて少なかった。正確な数字はないものの、推定では数百から多くても一〇〇〇～二〇〇〇人程度だったろう。ユダヤ教徒の東方への移動という現象は、たとえば十字軍の時代にはおそらくあったかもしれないが、われわれはいかなる証拠ももちあわせていない。それどころか、ポグロム（引用者注：現地人によるユダヤ人弾圧のこと）から逃げた人々がいつでも戻れるようにと、居住地を遠く離れることがなかったことも分かっている。しかし、このような場合でさえ、東方への移動はごく限られた数の住民がかかわっていただけであり、ポーランドやリトアニアやロシアの巨大なユダヤ人共同体の創設につながるような大衆的な動きになることは決してありえなかった。（『ユダヤ人の起源』シュロモー・サンド、高橋武智監訳、浩気社）

読者は、現代世界で「ユダヤ人」を名乗る者の九〇％は「アシュケナージ」（仮面をつけた偽ユダヤ人＝カザール民族）であることを明確にご理解いただきたい。

☀【ユダヤ教の秘密5】＝「世界には『仮面をつけた偽ユダヤ人集団』が存在する」

▼イスラエルを建国した「ユダヤ人」とは誰なのか

さて、本書で本当に問題としたいのは「カザール民族の改宗」ではない。そんなことは別にどうでもよい。注目すべきは次のことだ。

カザール民族がユダヤ教に改宗するのは自由である。問題は、彼らが「ユダヤ人」を名乗り、中東パレスチナの地を「自分らの土地である」（神に与えられた土地である）としてパレスチナ人を追い出し、イスラエルを建国して、アラブ民族・イスラム教徒と激しく対立していることである。

☀「根本的な疑問」＝「アラブ民族・イスラム教徒と対立しているのは誰なのか」

全世界にユダヤ人は「一八〇〇万人」存在する。そのうち「九〇％」は「アシュケナージ」（偽ユダヤ人＝カザール民族）である。マルクス、フロイト、アインシュタイン、キッシンジャーなど私たちが知る世界的に有名なユダヤ人は全員アシュケナージである。

全世界のユダヤ人口の中で「スファラディー」（本当のユダヤ人）は「一〇％」しか存在しない。つまり、本当のユダヤ人は一八〇万人くらいしかいないのだ。

またイスラエルではどうなっているか。国家の上層を占めるのは「アシュケナージ」、下層には「スファラディー」という「二重構造」となっている。

つまり「ユダヤ人国家」とされるイスラエルでは「アシュケナージ」（偽ユダヤ人）が「スファ

ラディー」（本当のユダヤ人）を支配しているわけである。

そのような構造だから、イスラエルでは金持ちと貧乏人は完全に二分化している。つまり、金持ちは「アシュケナージ」で、貧乏人は「スファラディー」だ。

こうした「差別構造」の中では、周囲のアラブ諸国（イスラム国家）との戦争においても、命令をするのは「アシュケナージ」で、前線に出るのは「スファラディー」となる。

これが「イスラエル国内だけの問題」であれば、それはそれで構わないとしよう（本当はそうではないのだが、とりあえずここではそのように述べておく）。

現代における大問題は「現代世界経済情勢を動かしているのは（世界中に存在する）『アシュケナージ』（偽ユダヤ人集団＝カザール民族）である」ということだ。

本書がテーマとしている「米国の投資銀行＝ゴールドマン・サックス」は「ユダヤ系ドイツ人移民マーカス・ゴールドマン」によって設立された。彼はどちらのユダヤ人かといえば、彼は「アシュケナージ」なのだ。そのあとに続く同社の経営者たちも「アシュケナージ」である。

ここでは「アシュケナージ」（偽ユダヤ人集団＝カザール民族）に関する問題点を大きく列挙しておくことにしよう。読者は以下の三点を明確にご理解いただきたい。

- 「現代世界には『ユダヤ人問題』『ユダヤ陰謀論』が存在する」↓「この時『ユダヤ人』といわれるのは『アシュケナージ』のことなのだ」
- 「現代世界では『ヒトラーはユダヤ人を虐殺した』といわれている」↓「この時『ユダヤ

人』といわれるのは『アシュケナージ』のことなのだ」

✵「世界のユダヤ人団体は『ユダヤ人批判は許さない』と強硬姿勢で活動している」↓「この時、彼らがいう『ユダヤ人』とは『アシュケナージ』のことなのだ」

一九四八年五月、パレスチナに「イスラエル」が建国された。ユダヤ人がイスラエルを建国するにあたっては、そこに居住していたパレスチナ人全員を力ずくで叩き出した。

「ここは先祖代々ユダヤ人の土地である」という理屈があればこそ、そういう厚かましい真似が出来たのである。ユダヤ人は「ここにイスラエルを建国する権利がある」と主張する。

だが、ユダヤ人（本当のユダヤ人）がパレスチナに住んでいたのは紀元七〇年までのことである。紀元七〇年には古代ローマ帝国にユダヤ王国は滅ぼされた。そして、彼らは離散民族となった。

その後、パレスチナには多くの民族が住み着いた。一九四八年の時点では「パレスチナ人」が住んでいた。二千年近くも前のことを持ち出して、このパレスチナ人を追い立てるなど、理不尽極まりない。しかも「イスラエルを建国したユダヤ人」（アシュケナージ）は「七四〇年に改宗したカザール民族」なのである。

▼ヨーロッパ世界に「ロスチャイルド金権王朝」が浮上してきた

中世のヨーロッパ世界で「アシュケナージ」（偽ユダヤ人集団＝カザール民族）は国から国へと移動した。彼らには「国家」というものはないからだ。

古代のユダヤ国家は「紀元七〇年」に崩壊したが、カザール帝国も「一二四三年」に崩壊した。彼らは異民族と異教徒の世界で生きなければならなかった。

しかし、彼らには「才能」があった。それは「金銭を扱う才能」だ。当時ヨーロッパ世界では（金銭を扱うにあたっては）「利子」をとってはいけないことになっていた。なぜならば「他人から利子をとる」ということは「他人を搾取すること」に他ならない。よって、当時のキリスト教世界では（イスラム教世界でも）「利子」というものはなかったのだ。

だが「アシュケナージ」（偽ユダヤ人集団＝カザール民族）は、そこに「利子」を持ち込んだ。彼らは他人から利子をとることで、成り上がっていくのである。

☀「近代」＝「ドイツ・フランクフルトのユダヤ人街に『赤い楯』の家があった」

一五六〇年代、イサク・エルハナンはドイツ・フランクフルトにあるユダヤ人街の一角に家を構え、そこに「赤い看板」（真紅の楯＝ロート・シルト）を掲げていた。当時のユダヤ人には姓を名乗ることが許されていなかったので、彼の家系は「ロスチャイルド」と呼ばれるようになった。そして、それからロスチャイルド家は繁栄を続けた。

欧州ロスチャイルド家は「アシュケナージ」と見られている（一説には「紀元七〇年のユダヤ国家の崩壊後もパレスチナに在住したユダヤ人」〔オリジナル・ユダヤ〕ともいわれているが、相貌から判断すると「アシュケナージ」ということになるようだ）。

彼らの血筋はどこまでもたどることが出来るといわれており、その源流は「創世記の時代」に遡る。だが、それがどこまで真実か否かはわからない。ここでは現代世界経済情勢に直結するところから話を始める。現代世界におけるロスチャイルド家の初代となるのは「マイアー・アムシェル・ロスチャイルド」（一七四四〜一八一二年）だ。

彼以降、ヨーロッパ世界には「ロスチャイルド金権王朝」が大浮上してくることになるのだ。その流れの中では「大謀略」が繰り返される。世界は「大謀略の世界」なのだ。

▼フランス革命は「ロスチャイルド家」が計画・実行した

一七四四年二月二十三日、赤い楯の家に「マイアー・アムシェル・ロスチャイルド」が生まれた。一般的には、彼が「ロスチャイルド家の始祖」とされている。

初代マイアー・アムシェル・ロスチャイルドは「ドイツ諸侯のヴィルヘルム一世」に取り入って浮上していくのであるが、ここではその手練手管《てれんてくだ》については省略する。端的に言えば、彼はヴィルヘルム一世を騙してその財産を横領したが、それよりもここで重要なのは次の事実だ。

ロスチャイルド家が拡大する時代は「ヨーロッパ大動乱の時代」だった。その大動乱は現代に至るも継続している。最初の動きはドイツの隣国フランスで始まった。

一七八九年、フランス革命が勃発した。パリで暴徒がバスティーユ監獄を襲撃した。それからヨーロッパは「革命の渦に巻き込まれていくことになる」のである。

一八九一年、パリで新しい法律が公布された。それは次のようなものだった。

国民公会はフランス市民たるものに必要な条件に鑑み、憲法によって創立される。市民資格を持つ者は市民の誓いを立て、憲法によって定められたあらゆる任務を遂行し、憲法の保障するあらゆる権利を保障される。市民の誓いを立てたユダヤ教徒については、以前の法令によって想定されたあらゆる規則や制限、例外を無効化するものとする。（『ロスチャイルド』デリク・ウィルソン、本橋たまき訳、新潮文庫）

要するに、フランス革命によって、それまで差別されていたユダヤ人は解放されたのだ。フランス革命では、国王ルイ十六世と王妃マリー・アントワネットがギロチンの露と消える一方で、ユダヤ人は解放された。なぜ、そのようなことになったのか。

一七七三年、マイアー・アムシェル・ロスチャイルド（ロスチャイルド家の始祖）は会議を開いた。ここで、彼は「フランス革命」を仕組んだのである。

秘密結社の存在を中心に据える「陰謀論」の世界では、フランス革命を裏から演出したのは「秘密結社フリーメーソン」だという説がある。そして、さらにその背後には「秘密結社イルミナティ」が存在したとも。読者もそのような書物を読んだことがあるだろう。これらの見方は間違いではない。だが実は、もっと深い「奥」が隠されている。つまり（秘密結社イルミナティの背後には）「ロスチャイルド家」が存在したのだ。

☀「ロスチャイルド家」↓「秘密結社イルミナティ」↓「秘密結社フリーメーソン」

一七七三年、マイアー・アムシェル・ロスチャイルドは「裕福で影響力を持つ十二人のユダヤ人」を招いてフランクフルトで会議を開いた。彼の目的は「キリスト教徒が支配するヨーロッパ世界をひっくり返して、そこに『ユダヤ人の王国』を作ること」だった。

先に述べたように、二千年前、金権ユダヤ支配階級はイエス・キリストを殺している。千二百年前、カザール民族が改宗した時には、内部で大虐殺をやっている。ユダヤ教の世界では「自分らに逆らう者は皆殺しにする」という狂気の流れが存在するのだ。

一七七三年、マイアー・アムシェル・ロスチャイルドもヨーロッパ世界をひっくり返すために「大流血戦略」を計画していた。なぜならば、この世の体制を変えるには「大流血」(戦争・革命・テロ・暴力)が手っ取り早いからである。

一七七六年、マイアー・アムシェル・ロスチャイルドの指示の下、アダム・ヴァイスハウプトは「秘密結社イルミナティ」を結成した。資金はロスチャイルドが出していた。

秘密結社イルミナティの目的は(政治的・経済的・社会的・宗教的手段を通じて)世界をぶち壊すことである。非ユダヤ人を分裂させて互いに殺し合いをさせるのだ。

アダム・ヴァイスハウプトの「秘密結社イルミナティ」は、それまでに存在していた「秘密結社フリーメーソン」に潜入した。そして、大陸系フリーメーソンの大東社ロッジ(ロッジはフリーメーソンの拠点)を「イルミナティの秘密基地」として、フランス国内に次々に設立した。彼らがフランス革命を仕掛けることになったのだ。

▼現代世界の背後には「ロスチャイルド・ネットワーク」が存在する

初代マイアー・アムシェル・ロスチャイルドには「五人の息子」があった。

彼はこの五人に「徹底的な金銭的教育」を施した。おかげで息子たちは「どのような複雑な商業的仕組みについても知らないことはない」までに成長した。

彼ら五人はのちに「フランクフルト五人衆」として世に知られるようになるわけだが、そのトリックはどこにあったか。この五人の兄弟がヨーロッパの主要都市に分散することによって、二十年の間に世界最大の国際的銀行組織が形成されたのである。

五人の兄弟は、それぞれ以下の地域に拠点を置いた。長男アムシェルは独フランクフルト、次男サロモンは墺ウィーン、三男ネイサン・マイヤーは英ロンドン、四男カールは伊ナポリ、五男ジェイムズは仏パリ。

初代マイアー・アムシェル・ロスチャイルドの五人の息子のうち、最も商才があったのは、三男のネイサンだった。のちに彼は「この世の帝王」と呼ぶべき立場に上り詰める。

当時、すなわち「一八一〇～一五年」における英国ネイサン・ロスチャイルドの成り上がりぶりを、ロスチャイルド家のお抱え伝記作者ウィルソンは次のように書いている。

――わずか二、三年という短期間に遂げられたロスチャイルド資産の変容ぶりは、実に驚嘆に値する。商業史上稀に見る出来事だったと言ってよい。ネイサン・ロスチャイルドは、一八一〇年にはロンドンの企業家の一人に過ぎなかった。それが一八一五年には英国政府の財政を握る資本家の筆頭となり、ウェリントンのイベリア半島戦役を陰で支える男となり、イギリスの勝利中、最も偉大な勝利ワーテルロー実現の資産を提供する男となっていたのだ。(『ロスチャイルド』デリク・ウィルソン)

右は「端的な事実」である。そして、私たちは(このような大成功の背後に)「初代マイアー・アムシェル・ロスチャイルドの五人の息子の団結」を深く透視するべきなのだ。

ロンドンのネイサンがどのようにして大儲けをしたか、有名な事例を述べておこう。

フランス革命に続く「ナポレオン戦争の時代」、英国はフランス軍に押されていた。そのような時、ロンドンの株式市場にネイサンがやってきて、株を売った。それを見た市民は「英国は敗れた」と思い、次々に株を売った。最後には株は大幅に値崩れした。

ところが、その裏側で、最初に株を売ったネイサンは値崩れした株を究極の安値で買い集めていた。なぜ、そういうことになったのか。ヨーロッパ大陸での戦況について、ネイサンは伝書鳩を用いて結果を得ていた。英国はフランス軍に勝利した。こういう時は「買い」である。だが、ネイサンは株を売った。そして、皆が株を投げ売りしたところで、一転して極秘裏に買いに入った。かくして、濡れ手で粟の大儲けをした。日本の経済評論家の中には「ロスチャイルド家の頭の良さ」としてこれを論じる人が存在する。だが、そういう評価でよいのか。それに本当の大問題はそのようなことではないのである。

彼らの背後に「ロスチャイルド・ネットワーク」と呼ぶべきものが存在し、同時に彼ら自身が「ヨーロッパ全体の裏の政府であった」ということを私たちは知らねばならない。

☀「十九世紀初め」＝「ロスチャイルド家は『ヨーロッパの裏の政府』だった」

本項では詳論することは出来ないが、初代マイアー・アムシェル・ロスチャイルドの時代以降、フランス革命に続く「ヨーロッパ世界の大動乱の時代」の中で、ロスチャイルド家の五人の兄弟は「ヨーロッパ各国政府内部」に深く入り込んでいたのである。

各国政府は彼らに「金玉」（財政）を握られていた。各国政府はバラバラな存在だが、そこに潜り込んだロスチャイルド家（五人の兄弟）は全部つながっているのである。

これでは各国政府は「ロスチャイルド家に勝てるはずがない」のである。いってみれば「ヨーロッパ世界深部には各国政府を横断して巨大なスパイのネットワークが存在する」のである。ロスチャイルド家は「巨大なスパイ組織」なのだ。

さて、一八一五年、ネイサン・ロスチャイルドは「英国政府の財政を握る資本家の筆頭」となった。それから彼はどう動くのか。当時の英国の情勢を俯瞰する。

ロスチャイルド家が「イングランド銀行」を支配した理由

一六八九年、オランダから「ウィリアム」（オレンジ公ウィリアム）という人物がイギリスへやってきて「英国王」に即位した。英国史では「ウィリアム三世」である。

だが、彼の正体は何なのか。オランダのオレンジ家は「ユダヤ系巨大財閥の流れ」であり、彼の背後には「ユダヤ系国際金融資本家集団」が存在した。つまり、この段階で「イギリスは『異民族』（ユダヤ民族）に乗っ取られてしまった」わけである。

「一六八九年、イギリスは『異民族』（ユダヤ民族）に乗っ取られた」

もちろん「イギリスを乗っ取った側」（異民族＝ユダヤ民族）は、自分らに好都合なようにイギリスを利用する。当たり前の話である。どうなったか。

一六九四年、英国王ウィリアム三世は（オランダとイギリスを中心とする）「ユダヤ系国際金融資本家集団」を糾合《きゅうごう》して「株式会社」を設立した。そして、彼らに「英国通貨発行の独占権を与える勅許状《ちょっきょじょう》」を交付した。これが英国中央銀行「イングランド銀行」が設立された経緯である。ここから現代に至る「国際金融情勢」「世界経済情勢」が始まるのである。現代に生きる普通の日本国民の立場から「事実」を単純に表現すれば「現代世界経済情勢の背後には『ユダヤ系国際金融資本家集団』が存在する」ということだ。

一六九四年以降の英国は「産業革命」を経て、大発展を遂げていく。読者もご存知のようにワットの蒸気機関をはじめとする幾多の発明が十八世紀の英国産業を発展させた。だが事実を言うならば、英国を飛躍させたのは「産業資本」ではなく「金融資本」だった。つまり、英国に存在する「国際金融資本家」が「大英帝国」を作り出した。なぜならば「製造業で儲けるよりも金融業で儲ける方が容易だから」だ。それは今も「同じ」である。その背後では、彼らの謀略による戦争が世界各地で繰り返された。普通の地球人民の立場から言うならば、国際金融資本家は「悪魔的存在」なのである。

さて、そのような時代の流れの中で、ヨーロッパ大陸では「ロスチャイルド家」が浮上してきた。そして、ロスチャイルド家はイングランド銀行を乗っ取るのである。繰り返す。

☀「一八一五年」＝「ロスチャイルド家は『イングランド銀行』を支配下に置いた」

その意味は（端的には）「ロスチャイルド家が英国通貨発行の独占権を握った」ということ。ロスチャイルド家が英国を乗っ取ったと言っても過言ではない。

それからどうなったか。ナポレオンが没落して国際会議が開かれた。アーヘン列強会議では、旧勢力の金貸しがロスチャイルド家を排除することを計画した（一八一八年）。

だが、それを嗅ぎつけた「ロスチャイルド家」（ロスチャイルド・ネットワーク）はフランス国債を一斉に売った。国債は急激に下落した。もしもフランス国債がパーになると、それを保有していた旧勢力（列強国・諸侯・金貸し）は破産する。これで旧勢力はギブアップした。彼らはロスチャイルド家の「金融覇権」を認めたのである。

さて、ここからロスチャイルド家の視線はヨーロッパからアメリカ大陸へと向けられる。ロスチャイルド家には「休息の時間」はないのである。彼らは「勢力拡大」へ向けて疾走する。

▼ロスチャイルド家は「世界金融秩序」を構築する

十九世紀、欧州ロスチャイルド家は「ヨーロッパ世界」を支配した。さて、次に発展するのは「アメリカ合衆国」であることは誰の目にも明らかであった。ならば、ロスチャイルド家の次の狙いが「アメリカ合衆国を支配する」ことになるのは当然である。

> ✷「ロスチャイルド家の支配」＝「ヨーロッパ世界」↓「アメリカ合衆国」

欧州ロスチャイルド家は、地球全体を対象とした「見えないネットワーク」を構築している。そのような彼らにとって、国境などあってもなくても同じである。

彼らにとっては「自分らのネットワークの内側こそが世界」である。彼らのネットワークは国家の上位に存在する。異民族の世界や国家は彼らにとっては別の世界だ。

金権ユダヤが始祖となった財閥は「サッスーン」「クーン・ローブ」「モルガン」などいくつもあるが、その中核が「欧州ロスチャイルド財閥」である。その資産はあまりに膨大すぎて、総額はつかめない。一説には「世界の全財産の半分が彼らの手中にある」とも言われている。世界的に見ても、彼らは「まったく比類なき存在」だ。

一方「米国ロックフェラー財閥」は米国の十大メーカーのうちの六社、十大保険会社のうちの六社、それに多国籍企業約二百社を支配、その全資産は米国民総生産の五〇％を超えると見られている。彼らの存在なしに現代のアメリカを語ることは出来ない。

米国ロックフェラー家が成り上がることが出来たのは、十九世紀末に米国で石油を握ったからだった。彼（ロックフェラー一世）は敵対者を力ずくで叩き潰した。

どうしてそれが可能だったのか。それは「欧州ロスチャイルド家から回してもらったカネの力」だった。当時、石油をめぐって多くの企業や組織が争っていた中で「欧州ロスチャイルド家の融資を受けたロックフェラー家が圧倒的に有利だった」のである。

☀「巨大財閥の支配関係」＝「欧州ロスチャイルド家」↓「米国ロックフェラー家」

このような関係は、何もロックフェラー家ばかりではない。米国の主要財閥はすべて「欧州ロスチャイルド家の下部組織」とさえ言えるのだ。

さて、このような米国財閥支配体制の中で、ロスチャイルド家は何を目指すか。すでにロスチャイルド家は「ヨーロッパを支配している」。次には「アメリカ合衆国」を支配する。

では、どうやって彼らはアメリカ合衆国を支配するのか。欧州ロスチャイルド家が「ヨーロッパ世界を支配する土台」となったのは「英国中央銀行＝イングランド銀行」を支配したことだった。中央銀行を支配する者は「巨大な権力」を得るのである。それゆえ彼らはアメリカ合衆国でも中央銀行を支配することを目指した。

▼ロスチャイルド家が「米国中央銀行＝ＦＲＢ」を支配している

当時、アメリカには中央銀行は存在せず、賢明なアメリカ国民はそんなものの設立を認めなかった。そういうことであるならば、彼らは謀略を使ってでもアメリカに「中央銀行」を作るだろう。そして、彼らは実行した。

☀「一九一三年」＝「ロスチャイルド家は『連邦準備銀行ＦＲＢ』を設立した」

「連邦準備銀行」という名称は「連邦組織」（国家機関）のように聞こえる。だが、これは（国際金融資本家が設立した）「民間銀行」（株式会社）なのである。

この設立経緯を振り返る。十九世紀末の世界では繰り返して金融恐慌が発生した。当時の米国の情勢について、米国の著作家ユースタス・マリンズは次のように述べている。

> 一八七三年と一八九三年、そして一九〇七年の三度の恐慌を検討すると、それらはロンドンの国際的な銀行家たちの操作の結果であることを暗に示している。国民は、一九〇八年には、恣

意的に誘発される金融恐慌の再発を防止する法案が国会で成立するよう要求していた。通貨改革が不可欠であると見られていたのである。(『民間が所有する中央銀行』ユースタス・マリンズ、林伍平、藤原源太郎訳、面影橋出版)

右にある「ロンドンの国際的な銀行家たちの操作」とは、端的には「欧州ロスチャイルド家の操作」に他ならない。恐慌の周辺には「ユダヤ国際金融資本家」が存在する。

二十世紀初め、アメリカ国民は「欧州ロスチャイルド家の支配」(ユダヤ国際金融資本家の支配)を脱しようとしていた。だが、結果的にはどうなったか。

欧州ロスチャイルド家は謀略を用いて「米国中央銀行」(ロスチャイルド家支配の民間銀行)を作るのだ。謀略で「フランス革命」さえも勃発させた彼らにしてみれば、米国中央銀行を作ることなどは「屁の河童」という話である。

欧州ロスチャイルド家の手下ポール・ウォーバーグは「中央銀行」という名称を隠すことにした。そして「連邦準備制度」という用語をでっち上げた。だが、中身は「同じ」なのである。これはアメリカ国民を騙すための作戦だった。そして、ロスチャイルド家の支配下にある米国の銀行家集団はジキル島で会議を開いた。謀略を仕掛けるための会議である。

そして、どうなったか。一九一三年十二月十八日、謀略法案(グラス法案)の下院版は下院を通過、翌日には上院が上院版を可決した。だが、上院版と下院版には四十以上もの調整されるべき相違点が残されていた。議会両院の法案に反対する反対派は、両院協議会の調整案が整うまでには相当な期間が費やされると考えた。彼らは調整案は翌年まで提案されないであろうと確信し、クリスマス休暇の準備をしていた。そこを謀略集団は急襲した。

彼らはわずか一日で法案の四十の相違点を解決し、即座に投票に持ち込んだ。そして、一九一三年十二月二十二日、法案は両院で可決されて成立した。この時、アメリカの運命は決まったとも言える。つまり、二十世紀のアメリカ（そして今日のアメリカ）は「欧州ロスチャイルド家をはじめとする国際金融資本家の奴隷」となった。

私たちが理解するべき最重要ポイントは、このようにして設立された「米国中央銀行ＦＲＢ」は「国際金融資本家が設立した民間銀行である」ということだ。

米国中央銀行ＦＲＢについて、英国人の「ユダヤ・ロスチャイルド研究者」アンドリュー・ヒッチコックは次のように述べている。

連邦準備銀行が私企業だという事実に注目することは重要だ。この銀行は「連邦」のものでもなければ、「準備金」も持っていない。控え目に見積もっても利益は年間一五〇〇億ドルになるが、過去に財務諸表を公開したことはない。ある最近の証拠から誰が実際に連邦準備銀行を所有しているのかが明らかになった。（『ユダヤ・ロスチャイルド世界冷酷支配年表』アンドリュー・ヒッチコック、太田龍監訳、成甲書房）

さて、それでは米国中央銀行ＦＲＢを「所有」しているのは誰なのか。

☀「ロスチャイルド銀行」（ロンドン）
☀「ウォーバーグ（ヴァールブルク）銀行」（ハンブルク）
☀「ロスチャイルド銀行」（ベルリン）
☀「リーマン・ブラザーズ」（ニューヨーク）
☀「ラザール・フレール」（パリ）
☀「クーン・ローブ銀行」（ニューヨーク）
☀「イスラエル・モーゼス・シフ銀行」（イタリア）
☀「ゴールドマン・サックス」（ニューヨーク）
☀「ウォーバーグ（ヴァールブルク）銀行」（アムステルダム）
☀「チェース・マンハッタン銀行」（ニューヨーク）

これらはすべて「ロスチャイルド家の銀行」なのだ。読者は右の中に「ゴールドマン・サックス」が存在することをしっかりとご確認いただきたい。ゴールドマン・サックスは「米国中央銀行ＦＲＢを所有する国際金融資本家の一味」である。本書では「ゴールドマン・サックスの予言」から話を始めて、現代世界経済情勢の背後を様々な観点から解き明かしてきた。「彼ら（ロスチャイルド家を筆頭とする国際金融資本家集団）が『米国中央銀行ＦＲＢ』を所有している」という事実は、現代世界経済情勢を透視するための「肝」である。

そして、この「民間銀行」（ＦＲＢ）が「米国通貨ドル」を発行し、アメリカ国家を支配することになるのである。その支配構造の中核は以下の通りだ。

▼世界金融秩序のロスチャイルド家支配体制

１４９ページには「世界金融秩序のロスチャイルド家支配体制」を図表化した。それをじっくりと眺めてほしい。これが「現代世界経済を動かす秘密の仕組み」なのである。

世界金融秩序の支配構造は「欧州」→「米国」→「世界」という三段階になっている。日本人は「米国」のみを見ているが、それは間違った見方である。この支配構造の中では普通の地球人民は何の力も持っていない。人民は奴隷だからである。現代世界ではカネを支配する者が「地球を支配する」のである。この歪《ゆが》んだ現実を透視すべきだ。

☀「欧州」＝「世界金融秩序の最上位には『欧州ロスチャイルド家』が存在する」

この全体構造の中で中核になるのは「米国中央銀行ＦＲＢ」だ。そして、私たちが知るべきは、米国中央銀行ＦＲＢは「欧州ロスチャイルド家が設立した民間銀行である」ということだ。

本書がテーマとしているゴールドマン・サックスは「ＦＲＢを所有する国際金融資本家の一味」である。これは重要な事実である。深くご認識いただきたい。

欧州ロスチャイルド家は「米国中央銀行ＦＲＢ」を設立することによって、米国通貨ドルの発行

世界金融秩序のロスチャイルド家支配体制

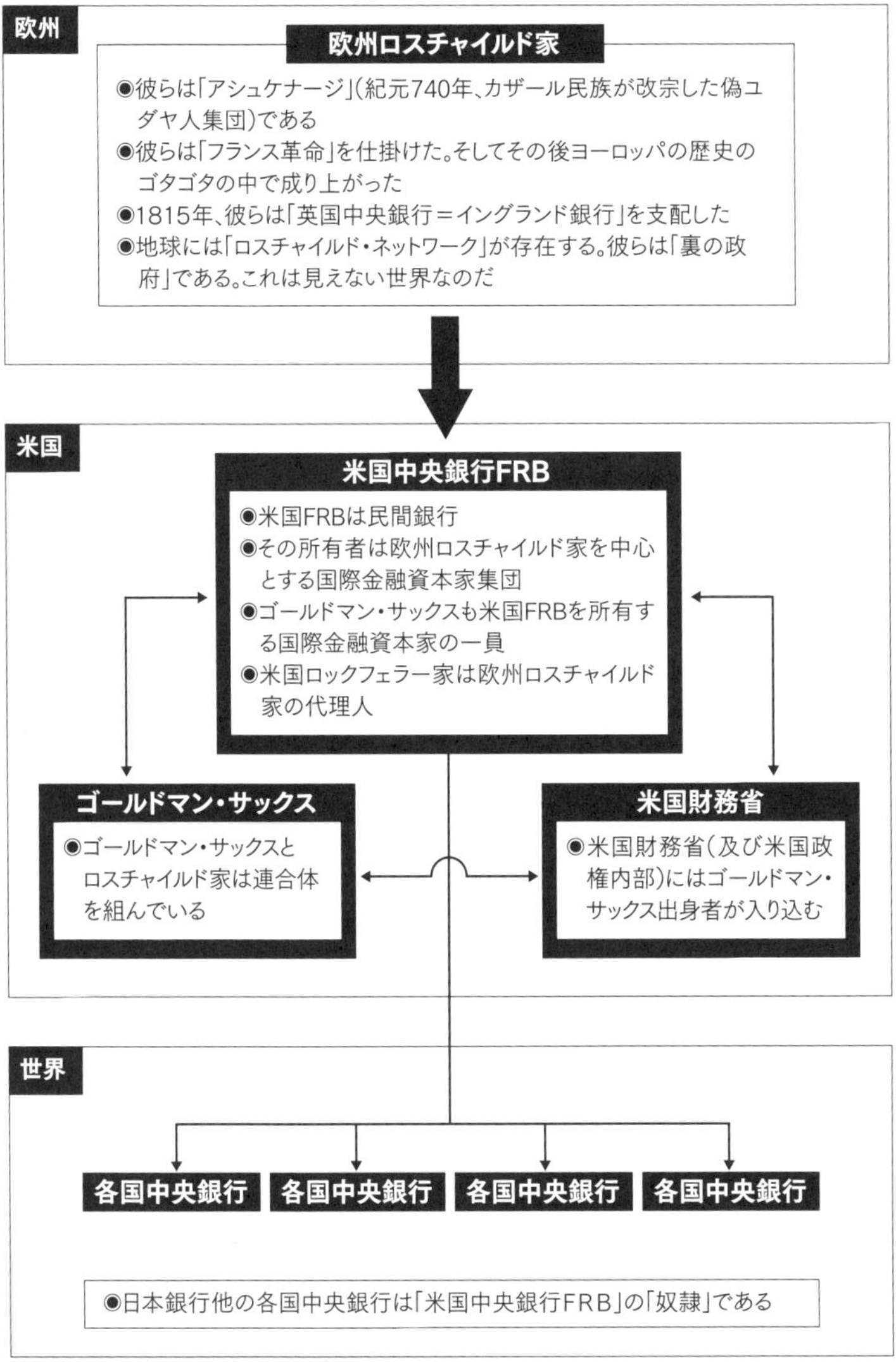
欧州
欧州ロスチャイルド家
◉彼らは「アシュケナージ」(紀元740年、カザール民族が改宗した偽ユダヤ人集団)である
◉彼らは「フランス革命」を仕掛けた。そしてその後ヨーロッパの歴史のゴタゴタの中で成り上がった
◉1815年、彼らは「英国中央銀行＝イングランド銀行」を支配した
◉地球には「ロスチャイルド・ネットワーク」が存在する。彼らは「裏の政府」である。これは見えない世界なのだ
米国
米国中央銀行FRB
◉米国FRBは民間銀行
◉その所有者は欧州ロスチャイルド家を中心とする国際金融資本家集団
◉ゴールドマン・サックスも米国FRBを所有する国際金融資本家の一員
◉米国ロックフェラー家は欧州ロスチャイルド家の代理人
ゴールドマン・サックス
◉ゴールドマン・サックスとロスチャイルド家は連合体を組んでいる
米国財務省
◉米国財務省(及び米国政権内部)にはゴールドマン・サックス出身者が入り込む
世界
各国中央銀行
各国中央銀行
各国中央銀行
各国中央銀行
◉日本銀行他の各国中央銀行は「米国中央銀行FRB」の「奴隷」である

権を握った。同時に財務省を、そしてゴールドマン・サックスを掌中に収めたのである。
この「三位一体」により、欧州ロスチャイルド家はアメリカ合衆国を支配し、自由自在にコントロールすることが出来るようになった。
このような支配構造の中で、現代世界では「米国中央銀行FRB」の下位に「各国中央銀行」が存在する。日本の中央銀行（日本銀行）もその下位銀行の一つである。

☀「世界」＝「各国中央銀行は『米国中央銀行FRBの奴隷』である」

各国中央銀行は「米国中央銀行FRBの動きを注視して自国の通貨の動きを決める」。それはそのまま各国経済のコントロールにつながる。端的に言えば、各国中央銀行が「金利」を上げ下げするだけで、各国経済はどのようにでも動かすことが出来る。金利を下げれば、通貨が流出してインフレになる。金利を上げれば、通貨が引き上げられてデフレになる。現代世界経済情勢を踏まえた上で、重要なのはこの事実だ。

☀「バブルの作り方」＝「中央銀行が『金利』を下げれば『バブル』が起こる」
☀「バブルの潰し方」＝「中央銀行が『金利』を上げれば『バブル』が潰れる」

バブル経済の発生と崩壊は、普通の地球人民（普通の各国国民）に対しては「甚大な影響」を与えるが、そのメカニズムは「アホみたいなもの」なのだ。

▼一九三〇年代に「米国ロックフェラー家」が躍進してきた

米国の動きの背後には常に「欧州ロスチャイルド家」が存在した。そのことは前項で述べた米国中央銀行FRB設立の経緯を見てもわかるだろう。支配者は彼らなのである。

米国の巨大財閥では「米国ロックフェラー家」が代表格である。だが、ロックフェラー家がのし上がった背後には「ロスチャイルド家の支援」があった。米国ロックフェラー家は「欧州ロスチャイルド家の代理人」と言えるのだ。

だが、人間の世界には波風が立つ。これはサラリーマンの世界でも同じだが、下の者は「上に取って代わりたい」と望んでいる。いつまでも下にいたいと思う者など存在しない。

「欧州ロスチャイルド家の代理人」ではあるが、現地で実際に活動しているのはロックフェラー家だ。当然、米国の国内では彼らがパワーアップしてくる。そうするとどうなるか。彼らは「生意気になる」のである。その流れは直観的にわかるだろう。

つまり「米国ロックフェラー家」が「欧州ロスチャイルド家」の言うことを聞かなくなる。そのような動きが本格化してきたのが、一九三〇年代のことだった。

当時の米国はどうであったか。一九二九年にニューヨーク株式市場が大崩壊して、一九三〇年代の世界は「大恐慌」に突入していた。そのような中で、米国にはフランクリン・ディラノ・ルーズベルト大統領が登場してきた。そして、彼は「ニュー・ディール」(新しいやり方)を打ち出した。

一九三〇年代、ルーズベルトによる「ニュー・ディール政策」の本質は「社会主義政策」である。彼は国家主導で「ダム建設」その他を行なった。この時、米国は「変質」したのだ。つまり、一九三〇年代、米国は「社会主義国化した」のである。

そして、このような変質の背後に「何が存在したか」というと、それは「米国ロックフェラー家」なのである。よって、本書は次のように裁断する。

☀「ルーズベルトの『ニュー・ディール』は『ロックフェラー家への乗り換え』だ」

その後の米国はこの流れの延長線上で動いてきた。ところが、ここに来て「流れは変化しつつある」のである。どういうことか、わかりやすく述べよう。

現在の米国の大統領オバマは（大統領選挙の時代から）「チェンジ」（変化）という言葉を頻発していた。「チェンジ」は「オバマの代名詞」と言っても過言ではない。

そこまでは周知のことだ。だが、多くの人はオバマの発する「チェンジ」の真意を理解していない。ただ何となく前向きなイメージを抱いているだけだ。だが、それでは世界の動きはわからない。

結論を述べる。オバマの言う「チェンジ」とは「米国ロックフェラー家」から「欧州ロスチャイルド家」へ「チェンジする」ということなのである。

☀「オバマの『チェンジ』は『欧州ロスチャイルド家へのチェンジ』である」

早い話が、アメリカを動かす力を「欧州ロスチャイルド家が取り返した」ということなのだ。ここが世界情勢を透視する上での重要ポイントである。

アメリカ合衆国を支配するのが「米国ロックフェラー家」であろうが「欧州ロスチャイルド家」であろうが、私たち普通の日本国民には何の関係もない。どちらが支配者になろうが、私たちには「不愉快」というだけだ。だが、現実的には「そうではない」のだ。

二〇〇〇年代に入って「サブプライム問題」「リーマン・ショック」「ギリシャ・ショック」「ゴールドマン・ショック」と連続している経済混乱の背後には「欧州ロスチャイルド家と米国ロックフェラー家の死闘が存在する」のだ。そのトバッチリを私たちが受けている（これについての詳細は次章で述べる。しばらくお待ちいただきたい）。

▼米国支配階級は世界経済を「騙しの力」で支配している

一六九四年、英国に「中央銀行」（イングランド銀行）が設立された。その背後には国際金融資本家が存在した。一八一五年にはロスチャイルド家がそれを乗っ取った。

☀「一八一五年」＝「欧州ロスチャイルド家が『英国中央銀行』を乗っ取った」

このような歴史の流れの中で、イングランド銀行が発行する「英国通貨ポンド」は「世界通貨」

となった。イングランド銀行が発行する紙幣は無条件で同額の金貨と交換することが出来た。これを「金ポンド本位制」という。だが、歴史は動いていく。

二十世紀に入ると英国の国力は衰え、米国が成長してくる。一九二九年、ニューヨーク株式が大崩壊した。そして「世界大恐慌」が発生した。この時、イングランド銀行はポンド紙幣と金《きん》との交換を中止した。ポンドは「単なる紙」となったのだ。その直前、ロスチャイルド家は米国中央銀行FRBを設立していた。

☀「一九一三年」＝「欧州ロスチャイルド家は『米国中央銀行』を設立していた」

そして「第一次世界大戦」（一九一四〜一八年）、「第二次世界大戦」（一九三九〜四五年）が勃発した。一九四一年には大日本帝国も「日米戦争」（大東亜戦争）へ突入し、一九四五年に敗北した。

一九四四年、ブレトンウッズ体制が成立した。端的には「米ドル金本位制」である。この時、「米国ドルの覇権」が決まった。日本国の敗北前から戦後体制は出来上がっていたのだ。

☀「一九四四年」＝「ブレトンウッズ体制で『米国ドルの覇権』が決まった」

以降、米国ドルは「国際基軸通貨」（キーカレンシー）となり、世界経済情勢はドルを中心に回り始めた。だが、そのような国際基軸通貨の時代は三十年も続かなかった。

☀「一九七一年」＝「アメリカ合衆国は『ドル・ショック』を引き起こした」

一九七一年八月十五日、ニクソン大統領は「米国ドルと金《きん》との兌換《だかん》を取りやめること」を発表した。ドルは「単なる紙切れ」になった。世界は激震した。

戦後、米国ドルを「世界基軸通貨」として経済活動を行なってきた世界の経済人は、突然のニクソン声明に茫然自失となったのである。その後の世界経済情勢がどうなるか。それは闇の中だった。疑心暗鬼の中で、世界は「パニック状態」に陥った。ニクソン声明とその後の動きは「ニクソン・ショック」「ドル・ショック」と呼ばれている。

その後の世界でもドルは「世界基軸通貨」のように扱われているが、それはいわば「惰性」である。ドルには世界基軸通貨としての裏付けはまったく存在しない。ドルはいつ崩壊しても不思議ではないのだ。だが、それ以降、米国中央銀行ＦＲＢは「単なる紙切れ」（米国ドル）を湯水のように印刷して世界中に垂れ流した。よって、世界経済は「インフレ経済」に突入することになるのである。これは「騙し」と言うべき動きである。

米国はこの「騙し」をカモフラージュするために「石油ドル本位制」と言うべき体制を構築した。現代世界経済の土台には「石油」が不可欠である。その石油代金の決済をどうするのか。本来なら各国の通貨でやってよいのだ。それで誰も困らない。

だが、米国は「石油の決済はドルでしなければならない」と決めた。これが「石油ドル本位制」

と言うべきものだ。それゆえ石油を必要とする各国は自国通貨を売ってドルを買わなければならない。誰も触りたくないドルが世界で流通することになったのだ。こうして破産国家・米国は「基軸通貨ドル」の延命を図った。だが、石油ドル本位制も「騙し」であることに代わりはない。なぜならば、石油には価値があるが、ドルには価値はないのである。ドルはどこまで行っても「単なる紙切れ」に過ぎないのである。米国（及び世界金融業界）の「騙し」を見てみる。

一九九八年九月、米国大手ヘッジファンドの「LTCM」（ロング・ターム・キャピタル・マネージメント）が破綻した。その時、米国はどうしたか。

米国中央銀行FRBはすぐに「欧米の巨大銀行十四行に資金を投入させて救済した」。あっという間の救済劇である。だが、その意味するところは何なのか。なぜ、FRBは「民間企業」（LTCM）を救済しなければならないのか。資本主義の米国では「経営の行き詰まりで企業が倒産するのは当たり前のこと」ではないのか。しかも、この時の救済対象は「預金者」ではなく「企業」である。FRBの動きは「どこから見てもデタラメ」だ。同年末、同社の経営陣は「五〇〇〇万ドル」（約六〇億円、当時）という巨額なボーナスを受け取った。

なぜ、このようなことになっているのか。結論を言えばこうである。この時、LTCMと欧米の巨大銀行十四行の間には次のような契約が結ばれていた。つまり「新規資金の投入によって得た利益の一五％を成功報酬として経営者が受け取ることが出来る」。だが、銀行にあるのは誰のカネか。それは「各国預金者のカネ」である。そのカネが「米国破綻金融機関」の救済に使われ、経営者は「巨額のカネを受け取る」のである。

右の事実が意味するのは「世界金融業界は自分らのためだけに預金者のカネを動かしている」「各国の預金者などは奴隷のような存在である」ということなのだ。

▼米国金融業界は「ギャンブル投機」を繰り返す

現代のアメリカはすでに破産している。それでも彼らは世界を騙して生き延びる。米国金融業界は「ギャンブル投機」を繰り返している。二〇〇〇年を前後しての動きは「ITギャンブル」「電力ギャンブル」「不動産ギャンブル」を例に挙げることが出来る。そして、彼らのギャンブルの結果はいずれも世界経済に大きなダメージを与えているのだ。

本書では「米国の投資会社＝ゴールドマン・サックス」に照準を合わせている。彼らは「ギャンブル投機の親玉」なのだ。同時に彼らの周囲には米国金融業界が存在する。

ここでは彼らの「ギャンブル投機」を透視する。その意味は「日本人はいつまでも彼らのギャンブルに幻惑されていてはならない」ということだ。

一九九〇年代末、米国金融業界は「ITギャンブル」を仕掛けた。IT株に投資して金を儲けようというのである。当時の米国では「ニューエコノミー論」が言われた。つまり、今後の米国経済はITを中心とする高度通信技術によって無限に成長することが出来る、と。そのような経済成長理論に促され、一九九〇年代末の米国ではIT株が高騰した。だが、ニューエコノミー論はウソだった。二〇〇〇年代に入るとITバブルは崩壊した。

一九九〇年代、米国金融業界では「ITギャンブル」と並行して「電力ギャンブル」が存在した。

彼らは電力・エネルギー産業を相手に博打を仕掛けるのである。当時、米国金融業界の煽り文句では「エンロンをはじめとする電力・エネルギー産業は大成長をする」はずだった。だが、これもウソだった。二〇〇一年、電力ギャンブルの主役であったエンロンは倒産した。米国金融業界は騙しに騙しを繰り返す。彼らは「狂気の存在」だ。

二〇〇〇年代、米国では「不動産ギャンブル」が始まった。米国金融業界は低所得者層に不動産ローンを組ませる。そのローン(サブプライムローン)を債券化して販売する。

だが、低所得者層に借金を返済する能力はない。当然、不動産ギャンブルは行き詰まる。それが爆発したのが「二〇〇七年のサブプライム問題」と「二〇〇八年のリーマン・ショック」である。これについては詳論しなくてもよいだろう。現代における大問題は「今日でもギャンブル投機は継続している」(新たに始まっている)ということだ。

近年の世界では「地球温暖化」が危険視されており、それにともなう「CO_2排出権売買」が大きなビジネスとなっている。だが、地球温暖化はウソである。同時に今日行なわれている「CO_2排出権売買」は「米国金融業界のギャンブル」に過ぎないのである。

それ以外にも今日の世界では「気候変動ギャンブル」や「水ギャンブル」が存在する。彼らはこの世のすべてをギャンブルの対象にしていくのである。そこには「普通の地球人民の生活にとって何が大切であるか」などというまともな視点は存在しない。彼らが思念していることは「どうやってカネを儲けるか」ということだけだ。その中心にゴールドマン・サックスが存在する。

▼FRB前議長グリーンスパンは「大恐慌」を仕組んで消えた

現代世界経済の中で、米国の金融業界は断末魔の悪あがきを始めている。それは自業自得なのだが、問題はその断末魔の暗黒に「世界全体が巻き込まれていく」ということなのだ。

その責任はどこにあるのか。それは米国中央銀行FRBだ。なぜなら、金融の世界を動かしているのは彼らだからだ。その最終責任者はFRBの議長である。

米国中央銀行FRBの前議長グリーンスパンは「一九八七〜二〇〇六年」の「十九年間」、議長を務めた。大統領は四年で代わるが、彼は十九年間議長だった。米国の真の権力は大統領ではなくFRBが掌握する。

ところで、グリーンスパンの評価は高い。彼はFRB議長の任期中に「米国経済の繁栄をもたらした」とされるからだ。だが、振り返ってみれば、それは全部「バブル」だった。たとえば、彼の任期中に喧伝《けんでん》された「IT産業発展」のウソは「ITバブル崩壊」となって証明された。だが、ここで問題にすべきはその件ではない。彼はFRB議長の任期中に「サブプライム問題」「リーマン・ショック」を仕組んでいたのだ。ここでは前後の流れをまとめてみる。

☀「二〇〇六年」↓「グリーンスパンはFRB議長を退任した」

☀「二〇〇七年」↓「サブプライム問題が発生」↓「世界大恐慌への第一歩」

☀「二〇〇八年」↓「リーマン・ショックが発生」↓「世界大恐慌への第二歩」

アメリカで崩壊した「住宅バブル」（サブプライム問題）はグリーンスパンの時代に形成された。中央銀行が金利を下げるとバブルを引き起こすことが出来る。金利が下がれば、人々は（貯蓄をやめて）「金融商品」を買うからだ。これは単純なメカニズムである。

同時多発テロが起きた二〇〇一年九月、グリーンスパンは「FFレート」（アメリカの代表的な短期金利で銀行同士でお金を貸し借りするときの金利）を三・五〇％から三％に引き下げた。そして、十二月までの三カ月間で一・七五％まで低下させた。その後も金利は低下傾向を続け、二〇〇三年六月には一％にまで引き下げた。数字だけを確認する。

☀「金利の動向」＝「三・五％」（二〇〇一年九月）→「一％」（二〇〇三年六月）

ここでは次のことを述べておく。読者は「同時多発テロ」が発生した二〇〇一年九月から「米国の金利の急低下が始まっている」ことに留意すべきだ。

☀「二〇〇一年九月」＝「同時多発テロが発生」＋「金利の急低下が始まる」

同時多発テロによって「米国の戦争体制」が始まり、同時に米国の金利急低下によって「世界大恐慌」が仕掛けられていたのである。これは「同時」の出来事なのだ。

✷「米国の謀略」＝「同時多発テロと世界大恐慌は『同時』に演出されている」

読者は右の事実を深く認識するべきだ。その後の「世界情勢」（戦争経済＋恐慌経済）はここに根っこが存在する。現代世界情勢の動きは全部仕組まれているのである。

さて、二〇〇一年九月から二〇〇三年六月まで「金利を下げた」グリーンスパンは、次にはじわじわと金利を上げ始めた。バブルを作ったら、今度はそのバブルを潰すという動きである。

二〇〇四年六月、グリーンスパンは「FFレート」を上げ始めた。とはいっても、一回の上げ幅は「〇・二五％」で小刻みに進むのだ。なぜならば、一気に金利を上げるると、バブルが形成される前に国民は金融市場から手を引くからである。そうはさせないために小幅の利上げを行なう。一般国民は金利の動きを実感できない。このように陰湿な金利操作を続け、グリーンスパンは「〇・二五％」の利上げを十六回も繰り返した。この間にサブプライムローンが大激増して「住宅バブル」は充分に膨らんだ。そして、二〇〇六年六月の金利は「五・二五％」となった。この段階がある意味「バブルのピーク」だった。そして、グリーンスパンはFRB議長を退任した。翌年、サブプライム問題が火を噴いた。

▼バーナンキFRB議長は「ゴールドマン・サックスの別動隊」だ

二〇〇六年、グリーンスパンは米国中央銀行FRB議長を退任した。そして、後任（現FRB議長）のバーナンキが登場してきた。以降の米国経済はガタガタだ。

だが、これは偶然ではない。本書の立場から言えば「ＦＲＢ前議長グリーンスパンは『サブプライム問題』『リーマン・ショック』『世界金融恐慌』を仕組んで消えた」ということだ。

そのことは現議長バーナンキも知っている。だが、彼が経済を立て直すことはない。彼の役目は世界金融恐慌をさらに深化させることだ。

二〇〇七年八月、サブプライム問題が表面化して「住宅バブル」が崩壊すると、現議長バーナンキは急激に金利を下げ始めた。二〇〇七年九月、金利は五・二五％から四・七五％に引き下げられた。そして、二〇〇八年三月には二％となった。この金利急低下で、また市場には大量の資金が出回ることになった。資金の過剰流動性である。そして、この資金は原油や穀物市場の投機資金となって世界中を徘徊するのだ。

私たちが理解すべきは「景気動向」は「米国中央銀行ＦＲＢ議長の動きによって、どのようにでも操作できる」ということだ。そして、普通の地球人民はのたうち回る。

米国中央銀行ＦＲＢ議長バーナンキの背後には「ゴールドマン・サックス」が存在する。先に述べたように、米国では「中央銀行ＦＲＢ」「財務省」「ゴールドマン・サックス」は「三位一体」である。その彼らの上位には「欧州ロスチャイルド家」が存在する。

☀「欧州ロスチャイルド家」↓「ＦＲＢ・財務省・ゴールドマンの『三位一体』」

このような世界支配構造の中では「彼らに刃向かうものは存在し得ない」という仕組みになっている。彼らはどのようにでも世界経済情勢を動かすことが出来るのだ。

現代世界では様々な人々が様々な立場で「現代世界情勢」を論じている。だが、その多くは（本人が自覚しているか否かは別にして）「国際金融資本家に飼われた犬」である。なぜならば、そうでなければ「この世で栄誉は与えられない」からである。一言でいって、大学教授や知識人やテレビのコメンテーターなどは全員「奴隷」に過ぎないのである。

なぜ、そういうことになるのか。世界のマスコミは「彼ら（国際金融資本家）の所有物」である。よって、彼らの意に反する見解はマスコミでは発表されないことになっている。マスコミは（上から下まで）「奴隷の集団」なのである。

▼日本国民は「世界経済史の巨大な秘密」を透視するべし

本書では（開巻以降）「米国の投資銀行＝ゴールドマン・サックス」に照準を合わせ、現代世界経済情勢の背後を透視してきた。そこで明らかとなったのは「米国ゴールドマン・サックスの背後には『欧州ロスチャイルド家』が存在する」ということだった。

☀「米国ゴールドマン・サックスの背後には『欧州ロスチャイルド家』が存在する」

そのような透視の視線の流れの中で、本章では（その透視の視線は）「世界歴史そのものの深層」に向けられることになった。現代世界情勢を真に解読しようと思うならば、その視線は「世界歴史の徹底的解読」へと向かわざるを得ないのだ。世界歴史の深部がどのようなものであるかはご理解いただけているものと思う。米国の投資銀行ゴールドマン・サックスの背後には「世界経済史の巨大な秘密」が存在した。要点だけをまとめる。

☀「欧州ロスチャイルド家の背後には『ユダヤ人世界』が存在する」
☀「ユダヤ人世界には『二種類のユダヤ人』が存在する」
ⓐ「本当のユダヤ人」＝「スファラディー」（イエスを殺したユダヤ人集団）
ⓑ「偽物のユダヤ人」＝「アシュケナージ」（カザール民族が改宗したユダヤ人集団）
☀「欧州ロスチャイルド家は『仮面を被った偽ユダヤ人』（アシュケナージ）である」

右の事実は「世界では明らかとなっている」のだが、なぜかこの日本ではひた隠しにされている。宗教問題の細かい争点はともかく、世界情勢を考察するためには右の事実は明確に透視するべきだ。そうでないと「日本人の世界を見る視点が根本から狂う」からだ。とにかく第二次世界大戦後に「イスラエル」を建国したのは「仮面を被った偽ユダヤ人」（アシュケナージ）なのだ。これは無茶苦茶な話である。

そして次なる大問題は「欧州ロスチャイルド家が世界歴史の中でどのように動いているか」ということだ。これも簡単に要約する。

☀「欧州ロスチャイルド家は『フランス革命』を計画、実行した」
☀「欧州ロスチャイルド家は『英国中央銀行』（イングランド銀行）を乗っ取った」
☀「欧州ロスチャイルド家は『米国中央銀行』（ＦＲＢ）を設立した」

欧州ロスチャイルド家は「一七八九年」（フランス革命が勃発した年）以降、世界全体を自由自在に動かしている。その彼らのパワーの根本は彼らが「英米（覇権国家）の中央銀行を完全に支配している」ということなのだ。これは「強力なパワー」である。以下では「米国中央銀行ＦＲＢ」についてまとめるが、その力学は「英国中央銀行＝イングランド銀行」についても同じである。ここに現代世界経済情勢を動かす秘密が存在する。

☀「米国中央銀行ＦＲＢは『民間銀行』（株式会社）であり、その所有者は欧州ロスチャイルド家をはじめとする国際金融資本家である」（ゴールドマン・サックスもその一味である）
☀「米国中央銀行ＦＲＢが『金利』を上げ下げすることによって、欧州ロスチャイルド家をはじめとする国際金融資本家は世界経済情勢をコントロールすることができる」
☀「米国中央銀行ＦＲＢ前議長グリーンスパンは『大恐慌』を仕組んで消えた」（現議長バー

（ナンキはのらりくらりとやっている。彼は『大恐慌』を深化させることが目的だ）

さらに米国では「欧州ロスチャイルド家の支配下」に「FRB＋財務省＋ゴールドマン・サックスの『三位一体』構造が存在する」。これは無茶苦茶な仕組みなのだ。

このような（欧州ロスチャイルド家をはじめとする国際金融資本家の）「世界支配構造」の中では、彼らはどのようにでも世界経済情勢をコントロールすることが出来る。日本経済情勢を意のままに操ることなど、彼らの立場からは「朝飯前」という話である。

ではなぜこのような「事実」がマスコミに登場しないのか。その理由は彼らは世界中のマスコミを所有しているからである。このことは先にも述べたが重要なことなので繰り返す。

☀「日本のマスコミ（知識人・コメンテーター）は『国際金融資本家の奴隷』である」

現代世界では「マスコミは『彼ら』（欧州ロスチャイルド家をはじめとする国際金融資本家）の奴隷である」。そのようなインチキな支配構造の中では「世界の真実は絶対に報道されないことになっている」。日本のマスコミなどは「洗脳機関」にほかならない。そしてマスコミに登場する知識人やコメンテーターは「彼らの奴隷」として動くのだ。これは「馬鹿げた仕組み」である。読者諸氏はそのことは徹底的に理解すべきだ。

だが、世の中には（国際金融資本家の奴隷になることに背を向けて）「普通の地球人民の立場から発言する人」も存在する。そのような立場の人々は（分析の視点の相違を超えて）常に「同じ結論」に行き着くのである。諸悪の根源は「国際金融資本家」だ、と。

そのことについては充分にご理解いただけているものと思う。日本人は「この世の悪の根源」を徹底的に透視するべきなのである。そして、そのような国際金融資本家による世界支配の中で、本書が透視する事実は「現代世界情勢の背後では欧州ロスチャイルド家と米国ロックフェラー家の権力闘争が存在する」ということだ。私たちはその事実を確認した上で、さらに話を深めていこう。次章での話は現代から近未来へと展開していく。

時間は（二十一世紀が開幕した）「二〇〇一年」から話を始める。第一次世界大戦と第二次世界大戦を通して二十世紀を破壊した彼らは、二十一世紀にはさらに強力に世界を破壊しようとしている。彼らの目的は世界を破壊した上で全部を支配することにある。

☀「欧州ロスチャイルド家をはじめとする国際金融資本家は『世界支配』を目指している」

そのことを述べた上で私たちは「二〇〇一年の世界」に立ち返る。同時に二〇一〇年の現代世界を透視してさらには近未来世界を予測する。次章は本書全体のクライマックスとなるはずだ。米国の投資銀行ゴールドマン・サックスが「世界大恐慌への流れ」を仕組んでいる。そして世界は国際資本家集団（地球支配階級）にまるごと支配されるのだ。

【第四章】

ゴールドマン・サックスが「世界大恐慌への流れ」を仕組んでいる

▼二〇〇一年九月十一日、同時多発テロで「戦争経済」に突入した

二〇〇一年九月十一日、米国で同時多発テロが発生した。その背後に何が存在するかは言うまでもないことだ。つまり「米国の謀略」である。

同時多発テロの背後に潜む「謀略」の真実についてはすぐあとで述べる。ここでは謀略を駆使する米国の具体的な動きを追跡する前に次のことを述べておく。「同時多発テロ」は「騙し」である。

この点を詳細に書き出すとキリがない。ここでは三点のみを指摘する。

☀【問題1】＝「あのときFBI（米連邦捜査局）はすぐに犯人を特定した。空港の駐車場に航空機の操縦マニュアルと、イスラム教の聖典『コーラン』が残されていたからだという。だが、常識的に考えて、テロリストがそんなものを残していくはずはない。第一、そんなにも簡単に犯人が特定できるなら、先に捕まえればよさそうなものである。FBIはテロが実行されるのを指をくわえて待っていたのか」

☀【問題2】＝「犯人グループとされたアルカイダのメンバーの大半はサウジアラビア人であるのに、米国のブッシュ大統領はアフガニスタンを攻撃した。アルカイダとアルカイダの首領ビンラディンがアフガニスタンに潜入しているというのが攻撃の理由だが、そんなものは理由にならない。そんな口実が通用するなら、米国はいつでもどこでも攻撃できる。しかも、

その後、米国軍はアフガニスタンを占領したが、そこにいるとされたビンラディンは発見できなかった」

☀【問題3】＝「アフガニスタンを攻撃すると次にはイラクを攻撃した。だが、宗教的なオサマ・ビンラディンと世俗的なサダム・フセインが何の関係もあるはずがないことは明白だった。だが、米国のブッシュ大統領は大量破壊兵器の存在を口実にイラクを攻撃した。イラク占領後、どこを探しても大量破壊兵器は存在しなかった」

今、アメリカでは七割以上の人が同時多発テロに疑問を感じていると言われている。それは当然のことである。二〇〇八年の大統領選挙でオバマ（民主党）が勝利した背後には、ブッシュ政権（共和党）に対する「米国民の不信と怒り」が存在したのだ。

ニューヨーク貿易センタービルの崩壊について言うならば、あれは旅客機の激突によるものではない。「ビル内の要所に仕掛けられた爆発物が原因」なのだ。

米国では爆発物の専門家多数がそのことを述べている。また現場で救急にあたった消防士多数もビル内で爆発音を聞いている。だが、そのことは日本のマスコミでは報道されない。

日本のマスコミには「真実」を追求する使命感はない。国会で同時多発テロに関する疑念を表明した議員はバッシングを受けた。日本のマスコミは「米国政府の奴隷」である。

米国の複数の専門家が証言するところでは、航空機が激突したくらいで高層ビルはあのように崩壊することはない。また当日、ニューヨーク貿易センタービルの敷地内では航空機が激突していないビルまでも崩壊している。爆発物が仕掛けられていたのである。

米国では高層ビルを取り壊す際、ビル内に爆発物を仕掛けて一気に崩落させる。それと同じ手段が「テロ攻撃」として演出されたわけである。世界における大事件は、全部が「芝居」なのである。そのことがわからなければ、私たちは操作されてしまうのだ。

「二〇〇一年九月の『同時多発テロ』は（米国政府による）『ビル爆破事件』と呼ぶべきだ」

世界における出来事は「出来事自体」を見るのではなく、その後の動きを含めた「出来事の流れ」を見るべきだ。そうすると、その背後を明確に透視することができる。

現代を生きる日本人にとって重要な一点は「出来事の背後（世界の背後）がどうなっているか」ということだ。それが透視できなければ「彼ら」に踊らされてしまう。

米国はアフガニスタンを攻撃し、さらにイラクを攻撃した。日本では戦争の是非に注目が集まっているが、本当の問題は、そのような目先のことではないのである。

現代世界における「本当の問題」は何か。それは二〇〇一年九月十一日に米国で発生した同時多発テロを合図に「世界経済は『戦争経済』に突入した」ということだ。

実は過去の世界でも世界経済の背後には常に「戦争」が存在した。なぜならば、国際金融資本家にとって「経済と戦争は彼らが世界を動かす『両輪』だから」だ。

2001年9月11日
同時多発テロによって世界経済は「戦争経済」に突入した！

炎上する貿易センタービル

ビルの崩壊は爆発物が原因だった

ビンラディンの行方は杳として知れないという茶番劇

2001年9月11日、米国で「同時多発テロ」が発生した
だがこれは本当に「テロ」なのか
同時多発テロの背後には「米国の謀略」
（国際金融資本家の謀略）が存在する
ニューヨーク貿易センタービルの崩壊は
旅客機の激突によるものではない
あれは「ビル内の要所に仕掛けられた爆発物が原因」なのだ
同時多発テロは（米国政府による）「ビル爆破事件」と呼ぶべきだ

☀「世界を動かす両輪」＝「経済」＋「戦争」＝「国際金融資本家の常套手段」

この「世界を動かす両輪」は、常に地球上で作動している。そしてこの両輪を回転させることで、国際金融資本家はカネを儲けてきたのである。戦争は「勝手に発生する出来事」ではない。その背後には常に「国際金融資本家の『戦争ビジネス』が存在する」のだ。

普通の地球人民は「労働」によって金銭を得るわけであるが、地球上には「人殺し」（地球人民の大量虐殺）によってカネを儲ける集団が存在する。

二〇〇一年九月十一日の同時多発テロ以降は、この両輪の動きに拍車がかかったと言えるのだ。それを本書では「世界経済は『戦争経済』に突入した」と表現している。今後はそれが誰の目にも見えることになるだろう。それでは認知が遅過ぎるのだが……。

イラク戦争の時代、アメリカのＴＶ局「ＣＮＮ」は世界中に向けて戦争を煽り立てた。その経営資金はブラジルの軍事会社サフラ社が出している。同社は世界第五位の売上高を誇る巨大軍事会社である（また同社は麻薬密売組織でもある）。そのような巨大軍事会社の下位組織（ＣＮＮ）が戦争を煽っているのである。そして、このサフラ社とＣＮＮの共同経営者であったのがリーマン・ショックを引き起こしたリーマン・ブラザーズだった。

つまり「世界金融恐慌を引き起こした会社」と「戦争で儲ける軍事会社」と「戦争を煽るテレビ局」は「一つの勢力」なのである。全部は地球人民に向けたヤラセである。

▼アフガン戦争、イラク戦争の舞台裏を明らかにする

同時多発テロが仕組まれた背後には「二つの要因」が存在する。一つは国際的観点における要因、一つは米国的観点における要因である。

最初に「国際的観点における要因」を見てみよう。そうすることで「アフガン戦争、イラク戦争の舞台裏」が見えてくる。そこには「ロスチャイルド家の動き」が存在する。

二〇〇〇年代初頭、世界には「ロスチャイルド家が中央銀行の所有権を持っていない七カ国」が存在した。具体的には「アフガニスタン」「イラク」「イラン」「北朝鮮」「スーダン」「キューバ」「リビア」の「七つの国家」である。現代世界を支配する「ロスチャイルド金権王朝」にしてみれば、こんなことは絶対に許されない。

では、どうなるのか。本書の見解では「七カ国は全部狙われる」、それ以外にはあり得ない。真面目な読者は「そんなバカな」と驚くかも知れないが、それなら、その後の推移を眺めてみればよいのである。ここでは簡単に述べる。

二〇〇〇年代、米国は「アフガニスタン」と「イラク」を攻撃した。そしてその後、アフガニスタンとイラクには「中央銀行」が出来ている。その背後に「ロスチャイルド家」が存在することは言うまでもない。米国の「アフガン攻撃」「イラク攻撃」については石油問題もあるのだが、その奥には「中央銀行問題」が存在するのだ。

☀「アフガン、イラク戦争の背後には『中央銀行問題』が存在する」

というわけで、二〇一〇年代の今日では「ロスチャイルド家が所有権を持つ中央銀行が存在しない国」は「イラン」「北朝鮮」「スーダン」「キューバ」「リビア」の「五つの国家」だ。このうち「スーダン」「キューバ」「リビア」については後回しにしてもよいだろう。何となれば、これらの三カ国は大した影響力は持っていない。そうした国々はゆっくり対処してもよいのである。では「イラン」と「北朝鮮」はどうなのか。

☀「近未来、イランと北朝鮮には『ロスチャイルド家の中央銀行』が誕生する」

今、イランと北朝鮮はどのような状況に置かれているか。表面に出ている問題は「核開発問題」だ。だが、その背後には「中央銀行問題」が存在する。やがてイランでも北朝鮮でも中央銀行が出来るだろう。その時、その背後に控えるのは「ロスチャイルド家」である。

次には「米国的観点における要因」を見てみよう。つまり、なぜアメリカはアフガニスタンを攻撃したのか。その背後には「米国多国籍企業の利益」がある。一九九〇年代、米国の巨大石油企業ユノカルは（アフガニスタンに対し）次のことを要求していた。

☀「米国の巨大石油企業ユノカルの要求」＝「中央アジアの天然ガスを（アフガニスタン経由

で）インド洋に送るパイプラインを作らせろ」

当時、アフガニスタンのタリバン政権は「アルゼンチンの石油会社ブリダス」と契約していたので、ユノカルの要求を受けることは出来なかった。それは仕方のないことだ。

だがその時、米国企業ユノカルは次のように脅迫した。「俺たちの要求を聞かないと、爆弾の雨が降ってくるぞ」。タリバン政権はその意味がわからなかった。

それからまもなくアメリカで「同時多発テロ事件」が発生した。そして、米国軍はアフガニスタンを攻撃した。なぜ、アフガニスタンなのか。テロリスト・グループ、アルカイダの首領とされる「ビンラディン」は「サウジアラビアの出身」である。攻撃するなら同国を攻撃すればよいのである。だが、米国はアフガニスタンを攻撃した。その理由は「アフガニスタンにビンラディンが存在する」（タリバン政権はビンラディンを匿《かくま》っている）というものだった。米国はアフガニスタンをぶち壊して「自前の政権」（カルザイ政権）をでっち上げたが、肝心のビンラディンは行方が知れない。

それからどうなったか。アフガニスタンのタリバン政権は崩壊し、ここに誕生した「米国御用政権」のカルザイ大統領はユノカルのパイプライン建設を推進している。

なぜ、そういうことになるのか。かつてカルザイは「米国ユノカルの役員」だった。その男がアフガニスタンの大統領となってユノカルのビジネスを推進しているのだ。

同時に「米国ユノカルのビジネス・コンサルタント、ザルメイ・カリルザド」は「アメリカの駐アフガニスタン大使」に就任した（後に同氏は「イラク大使」に転任している）。

アフガン戦争とは「米国企業の利益のための戦争」なのだ。では、続くイラク戦争は何なのか。これまた同様に「米国企業の利益のための戦争」である。

イラクは「石油大国」で、同国には「世界第二位の石油埋蔵量」が存在する。米国がそれを狙わないはずがないのである。当時の米国副大統領チェイニーはかつては「ハリバートン」や「ベクテル」といった米国石油関連企業の経営者だった。

米国はイラクへ攻め込み、圧倒的な破壊力で蹂躙《じゅうりん》した。戦後には「復興」が必要である。では、誰がそれをやるのか。イラク復興は「ハリバートン」や「ベクテル」が行なっている。ハリバートンは軍隊の兵站《へいたん》業務を請け負っている。ベクテルは建設業務を担当している。イラク戦争前、ハリバートンは赤字で経営危機だったが、戦争後は超優良企業に変身したのである。

要するにアフガン戦争もイラク戦争も「米国多国籍企業の利益のための戦争」なのだ。さてそのような中で、イラクのフセイン大統領が殺されねばならなかった理由は何か。

フセイン大統領は石油取引を「欧州通貨ユーロ」でやろうと計画していた。彼は「米国ドル基軸通貨体制」を否定した。だが、それでは米国経済は崩壊する。

米国に敵対するイランも石油取引を「ユーロ」でやろうとしている（同国は「イラン石油取引市場」の設立を目指している）。だが、そのようにして世界各国が「ドル」を捨てて「ユーロ」で経済活動を始めたらどうなるのか。その時には一発で米国経済は崩壊するのだ。それは絶対に許せない。それで米国はイラクのフセイン大統領を殺したのである。

二〇〇一年九月十一日に発生した「同時多発テロ」。それに続く「アフガン戦争」「イラク戦争」。それらは（国際金融資本家が仕組んだ）「二つの物語」なのである。

そして、その延長線上に「現代世界経済情勢」が存在する。つまり二〇〇七年に発生した「サブプライム問題」。それに続く「リーマン・ショック」「ギリシャ・ショック」「ゴールドマン・ショック」。それらが全部「一つの物語」なのである。

読者諸氏は以下の流れを大きく俯瞰していただきたい。これは「二十一世紀の物語」である。そして、この物語の延長線上に「近未来世界」が誕生することになっている。

☀「二〇〇一年九月十一日、同時多発テロ」↓「アフガン戦争」↓「イラク戦争」↓「サブプライム問題」↓「リーマン・ショック」↓「ギリシャ・ショック」↓「ゴールドマン・ショック」↓「現代世界経済情勢」↓「近未来世界情勢」

▼ビンラディンは果たしてどこにいるのか

二〇〇一年九月十一日、米国で同時多発テロが発生した。その主犯は「国際テロ組織アルカイダの首領ビンラディンである」と言われた。米国（及び世界）は、彼を「悪の権化《ごんげ》」と名指しした。

だが、ここには一つのトリックが存在する。

その後、ビンラディン容疑者は随時ビデオ映像を通して世界にメッセージを発表しているが、潜伏地はわからない。この男はどこにいるのか。

二〇一〇年五月五日、イランのアハマディネジャド大統領は（米国ＡＢＣテレビのインタビューで）「国際テロ組織アルカイダの首領ビンラディン容疑者は米国の首都ワシントンに存在する」と主張した。これについて、新聞は次のように報道している。

> 同容疑者の所在については、最近、テヘランにいると報道されたが、アハマディネジャド大統領はこれを否定。「ワシントンにいると聞いた」とした上で、「ブッシュ大統領とビンラディンは石油ビジネスで手を組んでいた」などと指摘した。（『日本経済新聞』二〇一〇年五月六日）

はたして「ビンラディンがワシントンにいるか否か」は不明である。だが、この発言の「後半部分」（＝「ブッシュ大統領とビンラディンは石油ビジネスで手を組んでいた」）は世界周知の事実なのだ。知らないのは日本人だけといってもよい。よって、現在の米国政権も、アハマディネジャドの発言に対しては次のようなコメントしか発表できなかった。

> クローリー米国務次官補（広報担当）は、「国務省内をくまなく調べたが、ビンラディンはいないと断言できる」と冗談まじりに一蹴した。（同右）

アハマディネジャド大統領が「ビンラディンはワシントンにいる」と言っているのに、クローリー米国務次官補は「国務省内をくまなく調べたが……」とコメントしている。

この男は「言語を理解できない」としか思えない。たとえば、私が「天皇陛下は東京にいる」と述べた場合、日本国政府の誰かが「外務省をくまなく調べたがいなかった」とコメントしたら、そいつは完全な阿呆である。重要なのは次のことだ。

アハマディネジャド大統領は「ブッシュ大統領とビンラディンは石油ビジネスで手を組んでいた」と指摘しているが、現在の米国政権内部（クローリー米国務次官補）からは、これに対する反論はない。アハマディネジャドの指摘は事実であるから反論できないわけである。

ビンラディンは「サウジアラビアの財閥」（サウジ・ビンラディン・グループ）の出身で、彼の周辺には米国（及び米国ＣＩＡ）の関係者がゴロゴロいるのだ。彼の父は米国の投資ファンド、カーライル社の役員を務めていた（同僚の役員には父ブッシュが存在する）。また彼の兄はブッシュ大統領（子ブッシュ）が経営していた石油関連企業の共同経営者だった。ビンラディン一族はあたかも米国のブッシュ家と同族であるかのような関係なのだ。

一九七九年、ソ連がアフガンに侵攻した時、ビンラディンはサウジアラビアから駆け付けてソ連軍と戦った。その背後には「米国ＣＩＡの支援」が存在した。アルカイダは「米国ＣＩＡが育てた組織」なのである。このような関係の中では「米国政府」「米国ＣＩＡ」「ビンラディン」「アルカイダ」は「一つのグループ」と言えるのだ。

テロリスト集団アルカイダの首領ビンラディンは「ブッシュ大統領の協働者」であり、同時に「ＣＩＡのエージェント」である。同時多発テロは米国の自作自演であり、仕組まれた「芝居」

だったのだ。

アメリカ合衆国に仕掛けられた用意周到な罠

二〇〇一年九月十一日、米国で同時多発テロが発生した。それからわずか五日後、ブッシュ政権は「テロ対策法案」をアメリカ議会に提出した。日本でも同様だが「法案」というのは、そう簡単にまとめられるものではない。だが、彼らはたったの「五日」でまとめ上げた。

なぜ、そんな芸当が出来たのか。法案はテロ前から存在していたからである。では、それは何を目指したものなのか。「米国ファシズム化」（米国独裁化）が目的なのだ。

これを機に米国では「外国人の入国や滞在が厳格化される」と同時に「米国民に対しても強烈な締め付けが開始された」。学生ビザ（査証）の資格取得は困難になり、国民は知らないうちにFBI（連邦捜査局）にEメールを覗かれる。簡単に拘束もされてしまう。

こういうことになった原因は（同時多発テロを契機に）「愛国法」（新テロ対策法＋移民法強化）なるものが生まれたからだ。この法律はわずか四十一日間で議会をあっさりと通過した。その背後では（同時多発テロに続いて）「炭疽菌《たんそきん》テロ騒動」（これも米国政府の自作自演）も存在した。米国議会の議員たちは、ブッシュ政権に操られるがままに「愛国法」（独裁法）を成立させた。その具体的な内容は次のようなものである。

☀「捜査機関は容疑者のEメールやコンピュータの集積データ、インターネットの利用状況などを傍受することが出来る」

☀「容疑者一人に一回線だけ認められていた電話盗聴を複数回線に増加させた」

☀「テロリストの疑いがある外国人は、容疑がなくても、起訴や国外追放の手続きを始める前に、最大七日間まで拘束することが可能である」

米国の下院では（この法案は危険なので）「二年間の時限条項にすべし」という異議があり、その結果、「米国議会が四年後に更新を承認しなければ廃止する」となった。

だが、オバマ政権の時代になって、それは「無期限状態」に置かれている。つまり、オバマには愛国法を再検討するつもりはないのだ。その理由は何か。

結論を言うならば、米国政府（及びその背後に存在する国際金融資本家）の目標である「米国ファシズム化」（米国独裁化）を推進するためである。

米国政府（及びその背後に存在する国際金融資本家）は「米国民（及び米国にいる外国人）を自由自在にコントロールする」ことを目論んでいる。

二〇〇一年十一月二十九日、当時のブッシュ大統領は（関係機関に）「外国人テロリスト特別調査チーム」の設置を求めた。それはどのようなものだったか。

☀「外国人の指紋や写真、生物測定学的な身体特徴を記録し、ハイテク装置で本人を確認する機械を空港や国境に設置すること」

☀「外国人の国内移動を常時監視し、ビザ（査証）の期限切れを摘発するシステムを設置すること」

一言でいえば、米国は「外国人を檻《おり》の中の動物として完全監視しようとしている」のであり、この流れはそのまま「米国人を檻の中の動物として完全監視することに直結する」のだ。

アメリカは「完全監視国家」に向かって驀進《ばくしん》している。そして、米国人は米国政府が始める戦争に駆り出される。このような動きの延長線上には（国際金融資本家による）「世界政府樹立の大謀略」が存在する。では「世界政府」が出来るとどうなるか。その時、私たち普通の地球人民は全員「地球支配階級によって完全監視された奴隷」となっている。

▼戦争経済と恐慌経済は「大爆発」を起こすだろう

現時点で私たちが透視すべきは次の二点だ。

☀「同時多発テロによって『戦争経済』に突入している」（二〇〇一年〜）
☀「サブプライム問題以降『恐慌経済』が始まっている」（二〇〇七年〜）

二〇〇一年九月十一日、米国で「同時多発テロ」が発生すると、それを引き金に「アフガン戦争」「イラク戦争」が勃発し、今日では「次なる戦争」が準備段階に入っている。

二〇〇七年八月、米国で「サブプライム問題」が発生すると、その後には「リーマン・ショック」「ギリシャ・ショック」「ゴールドマン・ショック」が相次いで発生し、今日では世界金融恐慌の流れがじわじわと深化しつつある。そのことはご理解いただけるだろう。

ここで同時に理解するべきは（前章末尾で述べたように）「二〇〇一年九月十一日、同時多発テロ発生と同時に、米国中央銀行ＦＲＢ議長グリーンスパンが（金利を下げるなどして）『住宅バブル』（サブプライム問題）の仕掛けを開始していた」ということだ。

そして、そのあとを引き継いだＦＲＢ議長バーナンキはのらりくらりとやっている。（前章末尾で述べたように）「彼の役目は世界金融危機をさらに深化させること」なのだ。

その意味するところは何なのか。それは「二〇〇〇年代において『戦争経済』と『恐慌経済』が『同時に仕掛けられている』」ということに他ならない。

☀「二〇〇〇年代」＝「戦争経済と恐慌経済が『同時に』仕掛けられている」

そして、どうなるのか。二〇一〇年代には「それらが爆発する」ということだ。

☀「二〇一〇年代」＝「戦争経済と恐慌経済が『大爆発』を起こすだろう」

あなたがどのように思おうと「世界は勝手には動いていない」。「世界は操られている」のである。

では、世界を操っているのは誰なのか。その構造はどうなっているのか。

その中核となるのが「欧州ロスチャイルド家による米国支配構造」だ。これについては前章で述べたが、その要点は以下の通りだ。構造だけを図式化しておく。

☀「欧州ロスチャイルド家」→「FRB＋財務省＋ゴールドマンの『三位一体』」

一九三〇年代、米国では「ロックフェラー家」が躍進してきた。以降、米国ロックフェラー家は「米国を中心とする世界戦略」を展開した。そして、第二次世界大戦（一九三九〜四五年）の勝者となったアメリカは「世界の覇権国家」となった。

戦後の世界は「米国ロックフェラー家が動かしていた」と言える（正確には「それを欧州ロスチャイルド家が黙認していた」ということだが——）。

だが、それからどうなったかを見れば（前章でも述べたように）「二〇〇〇年代に入ると米国ロックフェラー家が後退し、欧州ロスチャイルド家が伸展している」。

つまり、オバマが大統領の言う「チェンジ」とは「米国ロックフェラー家」から「欧州ロスチャイルド家」へ「チェンジする」ということだった。そして、そのオバマの背後には「ゴールドマン・サックス」（欧州ロスチャイルド家）が存在した。

このような全体状況を総括すると「二〇〇〇年代の世界の動きは『欧州ロスチャイルド家による仕掛け』である」と見ることが出来る。そして、その際に核となるのが「ＦＲＢ＋財務省＋ゴールドマンの三位一体」構造なのだ。それはどのような動きとなるのか。

それを知るために「リーマン・ショックの時代の動き」を別の観点から見てみよう。そうすると三位一体の実情がわかる。

「FRB＋財務省＋ゴールドマン・サックス」の「三位一体」はどう動くのか

二〇〇八年にはリーマン・ブラザーズが倒産して「リーマン・ショック」が発生した。この時、米国保険会社AIGも「企業倒産の危機」だった。だが、結局どうなったのか（読者よ、本項での要点はここからだ。頭には先の図式を置いて以下をお読みいただきたい）。

米国中央銀行FRBはリーマン・ブラザーズを倒産させたが、米国保険会社AIGを救済するためには九兆円を緊急融資した。何のためか。AIGは「米軍に浸透している」、いわば「アメリカ国家の企業」である。よって、リーマン・ブラザーズは潰してもAIGは救済した。米国は自分らの資産だけは守りたいのだ。そして、AIGの救済は「ゴールドマン・サックスを救済すること」でもあった。AIGの破綻はゴールドマン・サックスをも直撃してしまうからである。

二〇〇八年、リーマン・ショック当時、ゴールドマン・サックスCEOのブランクファインは「財務長官と十四回面談して緊急融資を受けた」。当時の状況を振り返り、ブランクファインは「あの一週間はAIGの一週間だった」と語っている。つまり、AIGが破綻すればゴールドマン・サックスも破綻する。そのため、彼は財務長官と十四回も会談したのだ。

さて、右の話の中で見えてくる重要な一点目は「米国中央銀行FRBは（ゴールドマン・サックス救済を視野に入れて）ＡＩＧを救済した」ということだ。

二点目は、十四回も会談したというブランクファインと「財務長官」、この両者の履歴は以下の通りということである。

＊「相談者」＝「ブランクファイン」＝「ゴールドマン・サックスＣＥＯ」
＊「回答者」＝「ポールソン財務長官」＝「ゴールドマン・サックス元ＣＥＯ」

何のことはない、これは「ゴールドマン・サックス同士の会談」に過ぎないのである。彼らは「自分らの利益を相談しただけ」のことだ。であるから、ブランクファイン（及びポールソン）は公的資金注入で世論の非難を浴びても意に介さない。ゴールドマン・サックスは高額なボーナスを従業員に支払っている。米国の政策は国民の意志とは無関係のところで決められる。端的に言えば「ゴールドマン・サックスの都合」である。もう一度繰り返す。左の図式がポイントだ。

＊「欧州ロスチャイルド家」→「ＦＲＢ＋財務省＋ゴールドマンの『三位一体』」

この三位一体構造がどのように機能しているかは充分にご理解いただけたことだろう。つまり、彼ら（ＦＲＢ＋財務省＋ゴールドマン・サックス）は「自分らの都合だけで動いている」のだ。その時には公的資金（税金）が使われるが、彼らにとっては、そんなことは「屁の河童」というわけである。彼らは自分らの身内のためだけに活動しているのだから。

さて、そのことを十分に理解した上で、次には「米国金融世界の三位一体」を仕切る欧州ロスチャイルド家の動きを透視していかなければならない。彼らこそが「悪の本体」なのである。

▼EUの背後に「欧州ロスチャイルド家」が存在する

元来、欧州ロスチャイルド家は「ヨーロッパ世界で浮上してきた大財閥」だ。米国での動きは「世界を操る仕掛け」に過ぎない。彼らの本部はヨーロッパにある。

☀「単純な事実」＝「欧州ロスチャイルド家の本部は『ヨーロッパ』に存在する」

そして、その上での重要ポイントは次のことだ。つまり一九三〇年代、米国ロックフェラー家が躍進してきた。その後の世界の動きを踏まえて言えば（欧州ロスチャイルド家の立場からは）「任せておいた」わけである。だが、ここに来て、流れは変わった。

二〇〇一年九月十一日、米国（ロックフェラー家）は「同時多発テロ」（世界貿易センタービル爆破事件）を演出しながら、その後始末に失敗した。具体的に言えば、アフガニスタンもイラクも米国は統治することが出来ない。世界では「米国の謀略」が明々白々となっている（同時多発テロを「テロ」と信じているのは日本国のマスコミだけだ）。これを一体どう始末するのか。というわけで、以降は「EU」（ロスチャイルド家）が動き出すのだ。

▼EU憲法が採択された経緯と背景

二〇〇八年、米国では巨大金融機関「リーマン・ブラザーズ」が倒産して、世界では「リーマン・ショック」が発生した。世界経済は全部がガタガタになったのだ。

念のためだが、ここでは誤解のないように一つの注釈をつけておく。それは序章で述べた「原因と結果の話」である。繰り返しになるが、その要点を述べておく。

二〇〇七年に「サブプライム問題」が発生した。また二〇〇八年に「リーマン・ショック」が発生した。そして、そこから世界経済危機が浮上してきた。このような流れの中で、私たちは反射的に「二〇〇七年」（サブプライム問題）、「二〇〇八年」（リーマン・ショック）に注目する。だが、そのような視点は間違っている。現代世界経済情勢を動かす「本質」の立場から言うならば、サブプライム問題やリーマン・ショックは「原因」ではなくて「結果」である。つまり、出来事の「原因と結果の流れ」をたどれば、二〇〇七年以前に「原因」が仕込まれていて、二〇〇七年以降はそれが「結果」となって表われたのである。

本書なりに「世界経済危機の流れ」を表現すれば、二〇〇七年以前に「時限爆弾」が仕掛けられていて、二〇〇七年以降は「それが次々に爆発している」ということだ。

その時限爆弾が何であったかは序章で述べた。そこには「ゴールドマン・サックス」（をはじめとする米国金融機関）の「サブプライム住宅ローン関連の資産を裏付けとした『債務担保証券』（CDO）」が存在した。これは「騙しの金融商品」だった。その「時限爆弾」（＝原因）がのちに

「サブプライム問題やリーマン・ショック」（＝結果）となって、爆発した。賢明な読者諸氏には繰り返しになって恐縮だが、重要ポイントなので再説した。以下に述べる「EUをめぐる動き」（謀略）もまた「それ以前の段階で仕込まれていた」（＝奥深い謀略）からである。

話を戻す。二〇〇八年、米国では巨大金融機関「リーマン・ブラザーズ」が倒産して、世界では「リーマン・ショック」が発生した。世界経済は全部がガタガタになった。

この時、米国では保険会社のAIGも倒産の危機だった。米国中央銀行FRB（欧州ロスチャイルド家）はAIGは救済したが、リーマン・ブラザーズは見捨てた。

その背後については先に述べた。だが、さらに考察を進めるならば「米国中央銀行FRB（欧州ロスチャイルド家）はリーマン・ブラザーズを救済することも出来た」のだ。

得意の「税金をぶち込む」手を使えば、かたづく話だ。それをやると「米国民が怒る」というのはまやかしで、彼らは常に「米国民の意志に逆らうこと」を敢行してきた。それは明々白々の事実である。

ではなぜ、彼らはリーマン・ブラザーズを救済しないで潰したのか。そして、世界にリーマン・ショックを引き起こしたのか。そこには「彼らの意志」があるわけだ。

☀「欧州ロスチャイルド家の意志」＝「世界経済に『大激震』を引き起こす」

二〇〇八年、世界経済が「リーマン・ショック」でガタガタになった時、ヨーロッパの情勢はどうであったか。ＥＵ（欧州連合）は「ＥＵ憲法」を採択しようとしていた。
ＥＵ（欧州連合）の背後には「欧州ロスチャイルド家」が存在する。ヨーロッパを本拠地とする彼らは「ＥＵを通して世界支配を成し遂げようとしている」のである。

一般的には「ＥＵ（欧州連合）はクーデンホーフ・カレルギー伯爵のアイデア」と言われている。つまり（ヨーロッパを再建するために）「クーデンホーフ・カレルギー伯爵はヨーロッパ統一を提案した」と。そして、彼は「秘密結社フリーメーソンの一員」であったので「ＥＵの背後にはフリーメーソンが存在する」とも噂されている。だが、このような説は全部まやかしなのである。正確には「重要ポイントが隠されている」と言うべきか。

確かに欧州統一を提案したのは「クーデンホーフ・カレルギー伯爵」だ。だが、彼の背後に存在するのは「欧州ロスチャイルド家」である。彼らは「表」には出てこない。彼らは常に「裏」で動く。そして、そこにはいくつもの煙幕を張っている。たとえば、クーデンホーフ・カレルギー伯爵は秘密結社フリーメーソンの一員であるがゆえに、世間には「ＥＵ＝フリーメーソン陰謀説」が存在する。だが、それはロスチャイルド家の目くらましに過ぎない。

一七八九年のフランス革命でも「フリーメーソン陰謀説」が存在する。だが、彼らを動かしたのは「欧州ロスチャイルド家」だった。それについては前章で述べた通りである。

結局、ＥＵ（欧州連合）をめぐる戦略提案の流れは次のようになっている。

☀「ＥＵ戦略」＝「ロスチャイルド家」↓「カレルギー伯爵」（フリーメーソン）

さて、そのような構造の中で「EU」（欧州連合）は着々と進化を遂げてきた。かつては「絶対に不可能」と言われていた「ユーロ」（欧州通貨）も実現した。

欧州ロスチャイルド家に「不可能」はない。かつてナポレオンに「余の辞書に不可能の文字はない」と言わせたのはロスチャイルド家だった。ナポレオンの背後にはロスチャイルド家が存在した。ナポレオンはロスチャイルド家に使われて成功して、ロスチャイルド家に捨てられて没落した。世界情勢はロスチャイルド家の大謀略で動いているのだ。

さて、ヨーロッパでは「ユーロ」（欧州通貨）が出来た。その意味は「ヨーロッパは経済的に統一された」ということだ。それまで欧州各国は「各国通貨」を持っていた。それを全部廃止して「ユーロ」に統一した。ロスチャイルド家に「不可能」はない。

次にロスチャイルド家が目指すのは「ヨーロッパの政治的統一」だった。そのために彼らは「EU憲法」を各国に採択させる必要があった。ユーロが「経済統合のシンボル」であるとしたら、EU憲法は「政治統合のシンボル」だ。

> ✹「ヨーロッパ世界の経済的統一」＝「欧州通貨」（ユーロ）
> ✹「ヨーロッパ世界の政治的統一」＝「EU憲法」（リスボン条約）

二〇〇八年は「EU憲法」がどうなるかの瀬戸際だった。というのは、同年六月、アイルランドが国民投票で「ＥＵ憲法」の批准を否決した。これでは計画が狂うのだ。

一九九九年、ＥＵでは「ユーロ」が導入された。二〇〇二年一月、ユーロが流通し始めた。次なる課題は「ＥＵ憲法」なのである。彼らはすべてを計画している。

二〇〇七年調印の「リスボン条約」（ＥＵ憲法）では「ＥＵ大統領」ポストの新設や今後の加盟国増加に備えた意思決定の効率化を盛り込んでいた。

だが、これが発効するためには「加盟二十七カ国」の国民投票による批准が必要だ。一国でも批准を否決するとリスボン条約は発効しない。その中でアイルランドは批准を否決した（二〇〇八年六月）。これを一体どうするのか。ＥＵ背後に潜む謀略集団は経済で締め上げることにした。

二〇〇八年九月、米国ではリーマン・ブラザーズが倒産して、世界では「リーマン・ショック」が発生した。その煽りでアイルランドの経済はガタガタになった。この時、アイルランド国民は心の底から震え上がった。このままではアイルランド経済は崩壊する。

そのアイルランド経済を救済したのが「ＥＵ」だった。ＥＵの救済がなければアイルランド経済は完全に崩壊していたはずだった。そうなれば、アイルランド国民は飯を食うことも出来なくなった。このＥＵによる「アイルランド救済劇」の中で、アイルランド国民はＥＵのありがたさを悟った。彼らはＥＵに感謝したと言っても過言ではない。

二〇〇九年十月、アイルランドで「リスボン条約」（ＥＵ憲法）批准の是非を問う再国民投票が行なわれた。結果はもちろん批准である。つまり流れはこうだ。

✹「アイルランド」＝「ＥＵ憲法否決」↓「リーマン・ショック」↓「ＥＵ憲法採択」

本書の立場から言えば「欧州ロスチャイルド家は（アイルランドにＥＵ憲法を採択させるために）『リーマン・ショック』を引き起こした」ということだ。

このような「謀略的な動き」を経て、どうなったか。二〇一〇年一月には「ＥＵ大統領」が登場してくることになった。世界情勢は力ずくで動かされていくのである。

さて、それから世界はどうなったのか。二〇〇九年末にはヨーロッパで「ギリシャ問題」が発生した。これはどういうことなのか。さらに深く世界を透視していくべきだ。

▼ＥＵを揺るがす「ギリシャ問題」はどうなるのか

二〇〇九年に「ギリシャ問題」が発生した。ギリシャの国家財政はガタガタで、このままではＥＵ全体が危うくなる。これをＥＵ（欧州ロスチャイルド家）はどうするのか。

✹「ギリシャ問題は力ずくで突破する」↓「最終段階に向けてピッチを上げる」

では、どうやって？　実はギリシャの国家財政が瀕死状態であることは初めからわかっていた。それを放置しておいたのは、その背後に「計画」があったためだ。つまり、ＥＵ（欧州ロスチャイルド家）は国家の危機を逆手にとる。二〇〇九年以降、ヨーロッパ経済の流れはこうである。

✸「ギリシャ財政危機」↓「スペイン国債の格下げ」↓「ハンガリー財政不安」

結局、ヨーロッパ経済は全部がガタガタになりつつある。これをどうやって解決するのか。答は一つ。各国国家経済を「独裁的命令下に収める」という手段によって、である。

現状を具体的に見ておこう。ヨーロッパ各国の銀行債権は（当然のことだが）「欧州圏内の構成割合」が高い。ギリシャに対する銀行債権は二〇〇九年末時点で二三六〇億ドル（約二一兆円）だが、独仏の銀行が五割を占める。ポルトガル向け銀行債権のうち三割はスペインのもので、ポルトガルの信用不安はそのままスペインの経済危機へと連鎖する。ハンガリー向け銀行債権（一四九七億ドル）もオーストリアとドイツで五割を占める。

右で概観したように各国債権（信用規模）の金額は小さい。だが、信用規模は小さくてもその破綻リスクが他国に伝播すると欧州系銀行の短期の資金繰りが圧迫される。このように金融システム全体で流動リスクが高まる構造はリーマン・ショックと同じである。

これは何を意味しているのか。一般的に日本国内で論じられているような「世界経済のグローバル化で世界経済の安定性が増す」というのは「ウソ」もいいところ。国際金融資本家の戦略がここにある。彼らの狙いは「問題を大きくまとめ上げて、一気に全部をぶち壊す」ことである。

✸「国際金融資本家の戦略」＝「問題を大きくまとめ上げて、一気に全部をぶち壊す」

そうした彼らの視点から見るならば、今はまだ「一気に全部をぶち壊す」レベルには達していない。よって、現在のギリシャ問題は力ずくで強行突破するということになる。

その先を読めば、彼らはギリシャ問題を解決したあとで、さらに本格的な危機を作り出すということだ。そして、その危機を利用して、誰も彼らの命令に逆らえないようにしてしまう。

それは先に述べた「アイルランドの『EU憲法』批准問題」と同じ手口である。アイルランド国民は本心では「EU憲法」を批准するつもりはなかったが、経済危機の中ではどうすることも出来なかった。人間は「飯が食えないという深刻な危機」に追い込まれると、相手の言うことを何でも聞くようになるのである。そのことを彼らは知っている。知った上で、危機を作り出していくのである。そして、その危機に乗じて、自分らの計画を実現する。ここに「近未来世界の流れ」の大トリックが存在している。

二〇一〇年、現代世界におけるヨーロッパ経済危機の本質は「ギリシャの財政問題」ではない。その背後に潜む根本的な問題は次の二点だ。

> ☀【問題1】＝「根本的には『ユーロ』（欧州通貨）という存在の矛盾」
> ☀【問題2】＝「同時に『欧州中央銀行』（ECB）のデタラメな金融政策運営」

ここに「欧州中央銀行」という存在が登場してきた。これは「米国中央銀行FRB」の欧州版だ。

読者はこの背後に「欧州ロスチャイルド家」が存在することを透視するべし。

◉「欧州中央銀行ECBは『欧州ロスチャイルド家』の所有物に過ぎない」

では「欧州中央銀行ECB」（欧州ロスチャイルド家）は何をやったか。二〇〇八年のリーマン・ショックの時代、彼らは低金利でユーロを垂れ流した。それがヨーロッパで国債バブルを作った。そのバブル崩壊がギリシャ他で起きているということだ。

◉「欧州中央銀行ECBの『ユーロ』垂れ流し」↓「バブル構築」↓「バブル崩壊」

私たちは本書の中で、この図式を何度見てきたことだろう。「米国中央銀行FRB」「欧州中央銀行ECB」——。中央銀行の名称は変わってもその所有者は同じで、やっていることも同じなのだ。それなのに世界はそれに文句をつけない。なぜ、こういうことになるのか。先にも述べたように世界のマスコミは「彼らの所有物」である。世界の支配階級は全部「同じ穴のムジナ」である。苦しむのは私たち普通の地球人民なのだ。

さて、ギリシャ問題について新聞は次のように書いている。

——直近ではギリシャの財政問題だ。二〇〇九年のギリシャの財政赤字は国内総生産（GDP）の——

一三・六％、債務残高は同一・一五倍だ。これは米国の各一二・五％、〇・八三倍や、日本の各一〇・三％、二・一八倍に比して極端に悪いとは言い難い。(『日本経済新聞』二〇一〇年五月七日夕刊)

要するに、新聞は「ギリシャの財政問題は日米に比較して酷くはない」と言っているのだ。それは事実だ。だが、問題はそのようなことではないのである。今、私たちが洞察するべき問題は、ギリシャ財政問題が今後「どのように利用されていくか」ということだ。

答は明らかである。「ヨーロッパ世界全体を強固にまとめ上げることに利用されていく」のである。つまり、各国で問題が解決できないのなら、それらの問題は全部「EUが解決する」ということになる。それこそ「各国の問題解決の決定権を『EU』が取り上げる」という意味に他ならない。これは「EU独裁体制への布石」なのである。そして、どうなるか。

二〇一〇年代、世界中で「大問題」(政治的・経済的・軍事的大問題)が爆発する。それを解決できる国家はどこにあるのか。どこにもありはしないのだ。そのような中で「EUが強力に浮上してくる」。そのように計画されているのである。

二〇一〇年代、世界はEUに従うしかない状況が作られる。そして、将来には「世界政府」が浮上してくる。二〇一〇年代の世界は「世界政府樹立」に向けて動いていくのだ。なぜならば、それこそが彼らの計画だからである。新聞が右のような記事を書いていた頃、欧州中央銀行ECB(ロスチャイルド家)はどのように動いていたか。

☀「事実」＝「欧州中央銀行ＥＣＢは『各国借金』の肩代わりをすることになった」

彼らは「ギリシャを救済する方向」で動いていたのだ。この動きの真実の意味は何なのか。それは彼らがアイルランドを救済して自らの意志に従わせたように、今度はギリシャ（その他）を救済して彼らを完全に手なずけるのだ。誰も彼らには逆らえない。

次項では「ＥＵ」（欧州連合）について大きな立場から考える。そうすると、これまでに述べてきたことの背後の情勢が明確に見えてくるだろう。

▼世界歴史構造から見たＥＵの透視図

二〇一〇年一月一日、彼ら（欧州ロスチャイルド家をはじめとするユダヤ国際金融資本家及びヨーロッパ貴族階級）は「ＥＵ」（欧州連合）を完成させた。そしてＥＵ大統領が誕生してきた。

前年の二〇〇九年には「リスボン条約」が発効した。これは「ＥＵ憲法」と呼ぶべきもので、加盟二十七カ国はこの条約（憲法）に従わなければならない。ＥＵ憲法は各国の憲法や法律よりも絶対的に強い力を持っている。ＥＵ憲法採択に反対したアイルランドがどうなったかは先に述べた。彼らはリーマン・ショックを仕掛けられてＥＵ憲法を批准した。

さて、ここでは「ＥＵ」（欧州連合）について考察してみる。ところで、世界歴史構造から見た「ＥＵの透視図」はどういうことになるのだろうか。

☀【視点1】＝「EU本部が『ベルギー』にある意味を考察するべし」

読者は「EU本部」がどこにあるかをご存知だろうか。それは「ベルギー」に存在する。一般的な日本人には、ベルギーは「あまり馴染みのない小国」くらいの認識だろう。

では、EU本部はなぜそんな辺鄙《へんぴ》なところにあるのだろうか。このような疑問が生じるのは、私たちが「ヨーロッパ世界の力学」を理解していないためである。ベルギーという国家の背後には「欧州貴族階級の動き」というものが存在するのだ。

本書では「仮面をかぶった偽ユダヤ人集団」（アシュケナージ＝カザール民族が改宗した偽ユダヤ人集団）に焦点を合わせている。その首領は「欧州ロスチャイルド家」だった。現代世界では「米国ロックフェラー家」も大きな力を持っている。だが、元々の関係を論ずるならば、米国ロックフェラー家は「欧州ロスチャイルド家の支店」のようなものだった。

では、どうやってロスチャイルド家がヨーロッパ世界に大きく浮上してくることが出来たのか。結論を先に言えば、その背後には「欧州貴族階級」が存在する。

ヨーロッパは「キリスト教徒の世界」である。その中で「ユダヤ人（偽ユダヤ人）のロスチャイルド家」が最初から力を持って自由に動けるはずがないのである。それどころか、彼らユダヤ人は欧州で差別されていた存在だ。それがなぜ、興隆することが出来たのか。

ロスチャイルド家が勃興するにあたっては、彼らを利用した欧州貴族階級が存在した。その有力貴族の一つが「タクシス家」である。欧州有力貴族としてのタクシス家は、ユダヤ人のロスチャイルド家を利用して、彼らに汚い仕事を押し付けた。そして、その「上がり」をさらっていった。その「タクシス家」の現在の拠点がベルギーなのだ。よって、EU本部はベルギーに置かれることになった。ここでは極めて簡略化した説明をしているが、ロスチャイルド家の勃興とEU本部ベルギーをめぐる要点は右の通りなのである。

また、これに絡めて言うならば、EU初代大統領に就任したヘルマン・ファンロンパイは「ベルギー元首相」である。多くの日本人には、そんなことは大した関心事ではないかも知れない。

それでも「右のようなトリック」を理解することが出来れば、EU初代大統領の人選がそういうことになった理由も読者には見えてくるはずだ。

☀【視点2】＝「欧州中央銀行ＥＣＢが『ドイツ』にある意味は何なのか」

さて、ＥＵを考える二点目は「欧州中央銀行ＥＣＢがどこにあるか」ということだ。

ＥＵ本部が「ベルギー」にあるのに対して、ＥＣＢ本店は「ドイツのフランクフルト」に存在する。ドイツのフランクフルトと言えば、勘の鋭い人は、すぐにピンとくるだろう。

ここは欧州ロスチャイルド家が発祥した土地である。そこに欧州中央銀行ＥＣＢ（本店）が置かれた。その意味は言うまでもなく「欧州ロスチャイルド家が拠点帰りを果たし、そこを世界経済の総司令部にする」ということなのだ。ついでに次項では「スイスはなぜ『永世中立国』なのか」、その理由についても述べておこう。

スイスが「永世中立国」であるのはなぜなのか

ヨーロッパの中央部に位置する山岳国「スイス」は「国際金融資本家の金庫」なのだ。だからこそ、スイスには誰も手を出させないようにしてある。それが根本的な事実である。

「スイス国家の永世中立」と「スイス国民の意志」は何の関係もない。それゆえスイス国民は「国防に関する意識」が高い。彼らは「永世中立」などは「他人（国際金融資本家）が決めたものである」ことを知っている。

☀「事実」＝「ユダヤ国際金融資本家が『スイス』を『永世中立国』と決めた」

ここで読者には「現代の日本」について考えてみて欲しい。戦後の日本は「日本国憲法」で「戦争放棄」を謳《うた》っている。だが、日本が本当に戦争をしたくないのであれば「永世中立国」になればよいのだ。そうすれば他国にとって脅威にならないから、戦争を仕掛けられる可能性も低くなる。同時に外国（米国）の戦争に駆り出されることもない。だが、日本は永世中立国になれない。なぜなら、そんなことは国際金融資本家が「認めない」からだ。彼らは日本国が（「戦争」「テロ」「その他」のゴタゴタで）「浮沈を繰り返すこと」を望んでいる。その時こそ、彼らには「儲けるチャンス」が生まれるからだ（永世中立を承認するのは「国連」だが、国連が「国際金融資本家の道具」であることは説明するまでもない)。

ところで、現代世界には国連が承認した「永世中立国」がもう一つある。それはアフガニスタン北部にある「トルクメニスタン」だ。それはどのような国家なのか。

二〇〇一年十月、米国ブッシュ政権は(対テロ戦争を名目に)「アフガニスタン戦争」を開始した。その目的は、(ビンラディン逮捕などどうでもよくて)「アフガニスタン北部に位置するトルクメニスタンの豊かな天然ガス資源を米国の支配下に置くこと」だった。そして、その天然ガスを(アフガニスタン経由で)経済成長するインドその他に売却する。

米国のアフガン戦争の本質は「米国のビジネス」だった。現在、天然ガスの販売先は(インドだけではなく)中東地域へも広がっている。利権は「米国ロックフェラー家」が握っている。中東地域の流通網は「イスラエルのコンサルティング会社」(マーハヴ)に任せている。米国の利権をイスラエルに委ねていると言ってもよい。そのトルクメニスタンが「永世中立国」となっている。「商売道具に手を出すな」というわけである。

その後、同国の周辺情勢を見回すと(トルクメニスタン、キルギスタン、カザフスタンなどの)いわゆる「スタン国家群地域」には密輸兵器が結集している。商売熱心な兵器商人たちは、国際金融資本家の謀略を「下請け・孫請け」している業者みたいなものだ。

そして、二〇一〇年、キルギスタンで「内戦」が勃発した。米国(国際金融資本家とその周囲に存在する利権集団)では「新しいビジネス」が始まっているのだ。そして、どうなるのか。

今後の流れとしては、戦争費用を捻出するため、同地域に存在する核兵器・核物質がアルカイダ他の「テロ組織」に売却される可能性がある。さらにどうなるのか。回りまわって、それが日本に持ち込まれ、この国で「核兵器テロ」が発生する可能性も考えられる。

現代の日本は、金融関連では外国のギャンブル投資会社による「乗っ取り戦略」の標的となり、軍事関連では核兵器・核物質売却の流れで「核兵器テロ」の危険性にさらされている。それなのに日本国パラサイト役人政府は「税金私物化」「天下り」「勢力拡大」に余念がない。現代の日本国は完全にぶち壊される流れの中に存在するのだ。

▼近未来のヨーロッパ世界には「古代ローマ帝国」が復活してくる

近未来世界の流れはどうなっているのか。それは以下の通りだ。

☀【大潮流1】＝「近未来には『世界大恐慌』が発生する」
☀【大潮流2】＝「近未来には『世界大戦争』が勃発する」
☀【大潮流3】＝「近未来には『世界政府』が樹立される」
☀【大潮流4】＝「近未来には『地球人民総奴隷化の時代』が到来する」

なぜ、そのようなことになるのか。「地球支配階級」（欧州ロスチャイルド家をはじめとするユダヤ国際金融資本家及びヨーロッパ貴族）が「それを計画している」からである。

彼らの「目的」、彼らの「意志」、彼らの「戦略」がどのようなものであるかは、これからじっくりと述べていく。彼らは自分らの「目的」（世界支配）を達成するためには地球人民の皆殺しも厭《いと》わない。そのような彼らの本質は第三章で述べた。

二千年前、イエス・キリストが殺されたのは、彼が「ユダヤ金権支配階級」に刃向かったからだ。ユダヤ金権支配階級は自分らの悪事を糾弾する者は生かしておかない。

千二百年前、カザール帝国で住民の大量虐殺が起きたのは、ユダヤ教への改宗に「反対する者」がいたからだ。その反対者を「ユダヤ教に改宗したいカザール民族の支配階級」は皆殺しにした。一神教であるユダヤ教の中には「殺しの遺伝子」が存在する。

また、本書では触れていないが、中世から近代にかけて西洋社会ではキリスト教会から「あいつはおかしな奴だ」と目をつけられると、人民は「悪魔」や「魔女」と呼ばれて殺された。英仏戦争の時代にフランスの危機を救った聖女ジャンヌ・ダルクは火あぶりにされた。日本人の感覚からは想像もつかないことかも知れないが、一神教であるユダヤ教・キリスト教の世界には「人殺し」「皆殺し」がつきまとうのだ。

本書が指摘する「地球支配階級」（欧州ロスチャイルド家をはじめとするユダヤ国際金融資本家及びヨーロッパ貴族）はそのような殺しの遺伝子を持った集団の末裔《まつえい》である。

ところで、西洋の歴史を振り返った時、彼らにとって「黄金の時代」はいつであったか。それは「古代ローマ帝国の時代」である。彼らは「古代ローマ帝国の栄華」を熱望する。四七六年に滅亡した古代ローマ帝国こそが、彼らにとって「理想の世界」なのだ。

古代ローマ帝国は「貴族と奴隷の社会」だった。貴族は「奴隷」の上に君臨していた。古代ローマ帝国の貴族は「民主主義」などは考えたこともない。貴族の生活は全部「奴隷」が支えていた。今のように「人民主権」や「民主主義」がどうしたこうしたとややこしいことを論じる奴はいない。貴族に楯突く者は存在しない。現代世界における地球支配階級の彼らにとって、これは何と素晴らしい世界であることか。

地球支配階級（欧州ロスチャイルド家）は「ヨーロッパ」を本部に「世界政府」を作り上げたい。その心は「古代ローマ帝国を復活させる」ということだ。

地球支配階級（欧州ロスチャイルド家）が「EU統合」に驀進するのも、その最終目的である「世界政府樹立」（古代ローマ帝国復活）のためだ。そして、その計画は着々と進行している。

近年の動きを振り返る。二〇一〇年一月一日、彼らは「EU」（欧州連合）を完成させた。それに至る経緯はこうだった。二〇〇二年には「ユーロ」（欧州通貨）の流通が開始された。二〇〇九年には「EU憲法」が可決された。そしてついには「EU大統領」が登場してきた。

☀「二〇〇〇年代」＝「EU統合」↓「ユーロ」↓「EU憲法」↓「EU完成」↓「EU大統領」

彼らの計画は着々と進行しているわけである。次なる動きは「世界大恐慌」を引き起こすことだ。そして「第三次世界大戦」を勃発させることである。

☀「二〇一〇年代」＝「世界大恐慌」↓「第三次世界大戦」↓「世界政府樹立」

この流れのモデルはすでに二十世紀に存在する。それは「ゴールドマン・サックス」による「ニューヨーク株式市場の大崩壊」と「世界大恐慌」、そしてそれに続く一連の流れである。

✹「二十世紀の動き」＝「世界大恐慌」↓「第二次世界大戦」↓「米国の覇権」

前回は「米国の覇権」で決着がついた。次回は「世界政府の樹立」が計画されているのである。その流れの始まりは（前回と同じで）「世界大恐慌」の発生だ。そして「世界大戦争」（第三次世界大戦）が勃発する。そのような目で現代世界を眺望するとどうなるか。米国が「世界大恐慌」の震源地となっている。そのように計画されているのである。

二〇一〇年七月段階、米国経済の動きはどうか。七月十六日、「ニューヨーク株式市場は二六一ドル下落した」。新聞は次のように書いている。

（七月）十六日のニューヨーク株式市場でダウ工業株三〇種平均が大幅に続落した。終値は前日比二六一ドル四一セント（四・五％）安の一万〇〇九七ドル九〇セント。七月の消費者態度指数が市場予想を下回り、年後半に米景気が減速するとの懸念が強まった。米シティグループなど金融大手の四～六月期決算が振るわなかったことも株安に拍車をかけた。（『日本経済新聞』二〇一〇年七月十七日夕刊）

米国経済（世界経済）はいつでも「世界大恐慌」に突入可能な態勢となっている。地球支配階級の立場にしてみれば「いつ風船に針を刺すか」、そのタイミング待ちの状態なのだ。

国際金融資本家は自らの利益のために「世界戦争」を引き起こす

一九四五年（昭和二十年）八月、日本国は「日米戦争」（大東亜戦争）に敗北した。そして、それ以降を「戦後」と呼んでいる。だが「戦争」は常に存在した。

多くの日本人は、戦後の「戦争」と言えば、まずは「ベトナム戦争」を想起するだろう（ベトナム戦争は「共産主義からベトナムを守る」という名目だったが、本当はそうではない。あれは「アジア人を標的にした米国の戦争」だった。その背後にはもちろん「国際金融資本家」が存在する。彼らにとって戦争はビジネスなのだ）。

だが、ベトナム戦争は終結した。それ以外にも（日本で言う）「戦後世界」では、多くの「戦争」が存在した。通常の戦争ならば発生しても終結し、解決する。だが、そのような戦後世界の中で、延々と問題を抱えている地域が存在する。それは「中東地域」である。戦後世界において中東地域は「火薬庫」となっている。ここには「秘密」が存在するのだ。

- 「一九四八年」＝「中東でイスラエルが建国された」（ユダヤ国家の再建である）
- 「一九六七年」＝「イスラエルは聖地エルサレムを奪取した」

一九四八年のイスラエル建国以降、今日まで早くも六十年以上が経過した。だが、問題は解決しない。さらに問題は大きくなるばかりである。イスラエルの非道が過ぎるからだ。

イスラエルはロスチャイルド家をはじめとする国際金融資本家が建国した。彼らは善意でそうしたわけではない。そこには「計画」が存在する。それは中東を舞台に「大戦争」を引き起こすこと。そして、それを発火点に「世界戦争」を引き起こすことである。

☀「地球支配階級」＝「中東戦争をきっかけに『第三次世界大戦』を勃発させる」

この流れは十九世紀半ば、「ヨーロッパ帝国主義の時代」に計画されていたのである。その計画の中心は「英国」（英国のロスチャイルド家）だった。彼らは「ユダヤ国家」を「イスラム世界」と対立させ、両者を煽ることによって「大戦争」を引き起こし、さらに「世界戦争」へ引きずり込もうとしているのである。

二十世紀に発生した「第一次世界大戦」（一九一四〜一八年）や「第二次世界大戦」（一九三九〜四五年）は、次なる「世界戦争」（第三次世界大戦）を引き起こすための準備だった。過去二度の世界大戦の要点はどこにあったか。それは中東に「イスラエルを建国する」ということだった。イスラエルが建国されなければ、ユダヤとイスラムの大戦争を引き起こすことが出来ない。彼らの計画は次の通りだ。

☀【第一次世界大戦】＝「新興勢力のドイツを徹底的に破壊する」↓「戦後のドイツをユダヤ人が支配する」↓「そうすれば過激な民族主義者が出てくるだろう」
☀【第二次世界大戦】＝「ヒトラーを使って世界戦争を引き起こす」↓「同時にユダヤ人を弾圧させる」↓「そうすればイスラエルを建国する名目が出来る」

読者は「そんなバカな」と思うかも知れないが、これが彼らの計画である。十九世紀半ばには、この計画は出来ていた。そして、世界はそのシナリオ通りに動いてきたのだ。

何のための計画なのか。国際金融資本家たちが最終目標とするところは「自分らの手による世界支配」である。

平和に慣れた日本人には「狂気」に思えるかも知れない。だが、日本の戦国時代、織田信長は何を目指していたのか。彼は「天下統一」を目指していた。それは別に「当時の流行思想」であったわけではない。織田信長が勝手にそのような野望を抱き、その達成に向かって驀進したのだ。現代の視点からは「単なる歴史の流れ」に見えるかも知れないが、そうではない。発端は「織田信長の頭の中」にあったのだ。

今、「世界支配」などと口に出せば、多くの人は「頭がおかしい」と笑うだろう。だが、この世の中には「様々な理念」「様々な野望」が存在するのだ。それがわからなければ、未来世界を予測することは出来ないのである。

とにかく国際金融資本家は「世界支配を目指している」。彼らの世界支配計画の中では「第三次世界大戦」は次のように計画されているのである。

☀【第三次世界大戦】＝「イスラエルとイスラムを使って中東戦争を引き起こす」→「そして世界戦争を勃発させる」→「世界全体をぶち壊せば世界支配が可能となる」

二〇一〇年、現代世界は「そのような方向」で動いているのだ。そのことを押さえた上で、現代世界情勢を眺めてみるとどうなるのか。イスラエルとイスラムに戦争をさせる動きが着々と進行していることがわかる。具体的に確認してみる。

▼ユダヤ国家イスラエルが「中東戦争勃発」に向かって驀進している

二〇〇八年十二月二十七日、イスラエル軍はパレスチナ・ガザ地区への大規模な空爆を開始した。その後の二日間でパレスチナ人の死者は三〇〇人に上った。そして、この攻撃は翌年の一月十九日まで繰り返された。なぜ、この日で攻撃が終わったか。翌日には米国でオバマ大統領が誕生した。イスラエル軍の攻撃でガザ地区は破壊され、多くの人々が殺害された。イスラエルはオバマ大統領に「さあ、お前は中東地域をどうするのか」という脅迫的メッセージを発していたのだ。

二〇一〇年七月六日、オバマ大統領はホワイトハウスでイスラエルのネタニヤフ首相と会談した。両者は（パレスチナ和平に関して）「当事者間の直接交渉再開の必要性」で合意した。だが、米国とイスラエルに関する本質的な問題はそのような上辺のことではないのである。根本的な問題は「米国はイスラエルを徹底的に支援する」ということだ。

（米国オバマ大統領とイスラエル・ネタニヤフ首相の）会談では、中東の非核化に絡み、現実には確実視されているイスラエルの核保有については、米国は問わない姿勢を確認。九月の国際原子力機関（ＩＡＥＡ）総会でイスラエルをやり玉に挙げる動きに反対することを明確にした。（『朝日新聞』二〇一〇年七月七日夕刊）

米国とイスラエルに関する根本的事実は、米国は「イスラエルの核保有」を容認した上で「国際原子力機関（ＩＡＥＡ）の動きを牽制する」ということだ。

言い換えれば、米国は「中東におけるイスラエルの非道を支援する」のである。なぜか。理由は二つある。

☀「米国では『ユダヤ人の力』が圧倒的に強い」
☀「国際金融資本家は『中東戦争勃発』を歓迎している」

国際金融資本家は（イスラエルを使って）「中東戦争勃発」を仕組んでいる。彼らにとって「戦争は儲かるビジネス」なのである。世界平和など訪れてはならないのだ。

二〇一〇年五月二十八日、NPT（核不拡散条約）再検討会議が最終日を迎えた。イスラエルはそれに加盟していないが、実質的に核兵器を所有しているイスラエルを抜きにして、NPT再検討会議は何の意味も持たないと糾弾された。そして、二〇一二年に次回のNPT総会開催が決定され、そこで「中東非核化会議」を持つとされた。

このことは「NPTの最終合意」として発表された。だが、イスラエルは反発した。そして「自分たちは二〇一二年のNPTには行くはずもないし、そもそもNPTに加盟していないイスラエルがなぜ、非難されなければならないのか」と開き直った。

二〇一〇年五月三十一日。この時、封鎖されたガザのパレスチナ人たちを支援しようとして数隻の「支援船」（約一万トンにも及ぶ医療物資や食糧、玩具などを積んでいた）がパレスチナに向かっていた。それに対して、イスラエルは阻止を図った。夜明けとともにイスラエル軍の特殊部隊が強襲し、九人が死亡、多くの人が重傷を負った。

この事件の報は直ちに世界を駆け回った。九人の死亡者のほとんどはトルコ人だった。イスラエルにとってトルコは「大事な国」である。中東におけるイスラム世界の中でトルコはイスラエルとあらゆる協定を結ぶ唯一の国であり、イスラエルとトルコは合同軍事演習を繰り返していた。だが、この事件によって、トルコ首相はイスラエルに対する激しい怒りを爆発させた。そして「今後、イスラエルとは軍事演習をともにすることはあり得ない」と表明した。

その一方では、二〇一〇年六月、サウジアラビア空軍は（イスラエル空軍の攻撃行動を念頭に）

「イスラエル空軍が自国領空を通過しても『スクランブル発進』（緊急発進）を回避する演習」を実施した。サウジアラビアは米軍との交渉でイランの核施設を攻撃するためにイスラエル空軍機が領空内を通過した場合、いかなる阻止行動もとらないことで合意している。

イスラエルによる攻撃態勢は着々と進行している。このまま事態が進行すれば「攻撃」は必ず起こるだろう。あとはタイミングだけの問題なのだ。

世界政府は「全世界の核兵器」を管理する

二〇一〇年五月三日、ヒラリー・クリントン米国務長官は（国連本部で開幕した）「NPT（核不拡散条約）再検討会議」で演説し、米国が保有する核弾頭数についての機密指定を解除、公表する方針を表明した。これを受けて同日、米国防総省は（二〇〇九年九月末時点で）「攻撃に使用できる五一一三発の核を保有している」と発表した。

この日、イランのアハマディネジャド大統領は「アメリカはイランを核兵器で脅し続けている」と痛烈に批判。クリントン米国務長官はこれに応酬し、「イランはNPT体制の義務違反国である」と非難した。当日の模様を新聞は次のように報道している。

> 演説したアハマディネジャド氏は、広島、長崎に原爆投下した米国を「核兵器を使用した、人類史上最も恥ずべき国」と非難。核の大半を持つ米国がNPT体制で指導的役割を担うべきではないと訴えた。国際原子力機関（IAEA）の理事国から核兵器使用国を除外することなど

十一項目のNPT改革案を提示した。不快感を示した米英仏など一部の西側諸国の代表団は、議場から途中退席した。（『朝日新聞』二〇一〇年五月五日付）

さて、このような米国（イスラエル）とイランの対立の背後に何があるのか。先に述べたように、オバマ大統領の背後には「ユダヤ国際金融資本家」が存在する。彼の視線の先には「世界政府」が見えている。そのような流れの中で、米国のオバマ大統領は「核廃絶を目指す」としている。だが、それはインチキなのだ。彼の本心は「五大国（米英仏露中＝国連常任理事国）だけが核兵器を持つ」ことである。長期的には世界政府に「全世界の核兵器」を管理させる。世界政府に「世界の核兵器」を丸ごと委ねてしまおうというのだ。

☀「核廃絶の向こう側」＝「世界政府に『全世界の核兵器』を管理させる」

このような体制が出来ると、世界政府には誰も刃向かえない。世界政府は「絶対的世界権力」となるのである。では、その時、世界政府を支配しているのは誰なのか。

それは「地球支配階級」（欧州ロスチャイルド家をはじめとするユダヤ国際金融資本家及びヨーロッパ貴族階級）なのである。普通の地球人民は彼らの奴隷となるだけだ。

二〇一〇年三月、米国とロシアは「核軍縮条約」を結んだ。だが、それは単なるジェスチャーに過ぎない。端的には「騙し」である。彼らの本当の目的は何か。それは米ロの核軍縮を口実にすべての核兵器を囲い込み、それを土台に「世界軍」（世界政府軍）を構築することだ。つまり、近未来の世界においては、各国が保有する核兵器は世界政府の管理下に置かれることになるのである。世界は「平和」には向かっていない。現代世界は「世界政府樹立」へ向けて、着々と歩みを進めていると見るべきなのだ。世界政府を樹立する動きは確実に進められているのである。

▼近未来計画書『グローバル・トレンド2025』は実行を待っている

二〇〇八年十一月、米国NIC（米国国家情報会議）は『グローバル・トレンド2025』というレポートを発表した。これは米国の「近未来計画書」と呼ぶべきものだ。

219ページには「『グローバル・トレンド2025』二〇二五年の世界はどうなっているのか」をまとめてみた。図表をざっと眺めながら、以下をお読みいただきたい。

米国NICは「米国情報機関の最上位」に位置する。同機関が発表した『グローバル・トレンド2025』は「CIA（中央情報局）、NSA（国家安全保障局）、FBI（連邦捜査局）、軍情報機関など十六の情報機関を統括して作成したレポート」である。

これは「二〇二五年の世界はどうなっているかを予測したもの」（＝「二〇二五年の世界をどのようにするかを計画したもの」）であるが、その要点は次の通りだ。

> ☀【グローバル・トレンド2025】＝「近未来世界は『西』を中心とした世界から『東』を中心とした世界に移行していく」

そして『グローバル・トレンド2025』が主張するのは、次のことだ。

☀【グローバル・トレンド2025】＝「近未来世界の流れは、中国・インドを先頭に世界全体が『アメリカ』『ヨーロッパ』『アジア』『ロシア』『その他』複数の地域に分裂して、資金・技術・産業・その他が世界中に分散することになるだろう」

これは「アメリカによる一極世界支配」を放棄した発言といえる。近未来世界は「多くの地域がしのぎを削る弱肉強食の世界になる」と言っているのだ。

だが、アメリカ（その背後に潜む「国際金融資本家集団」）は「世界支配」の野望を放棄したわけではない。このレポートは「世界分割統治宣言」（世界分割統治計画）と見ることが出来る。それは彼ら（国際金融資本家集団）による「世界支配計画」（世界分割統治計画）でもある。

☀【グローバル・トレンド2025】＝「世界支配計画」（世界分割統治計画）

先には「EUは『古代ローマ帝国の復活』を目指している」と述べた。二千年前、古代ローマ帝国が世界を支配した方法は「分割統治」であった。

古代ローマ帝国の「統治の極意」は「世界をバラバラに分割した上で、それらを上から丸ごと支

「グローバル・トレンド2025」2025年の世界はどうなっているのか

【1】世界の富は「西」から「東」へと移動する

◉現在進行中である前例のない相対的富や経済力の西から東への移動は継続する

【2】中国・インドを先頭に世界的な多極体制が構築される

◉世界的な多極体制が中国、インド、そして他の諸国の台頭とともに出現する
◉非国家主体(ビジネス、民族、宗教団体、犯罪ネットワーク)の力も増加する

【3】米国の支配力は衰える

◉米国は最も強力な唯一の国として残存するが、その支配力は衰える

【4】地球資源の重要性が高まる

◉人口増加は「エネルギー」「食料」「水」などの資源を圧迫する

【5】中東地域各地で戦争が勃発する

◉紛争可能性は中東地域各地での急速な変化と致死的能力の普及により増加する

【6】テロリズムは消滅しない

◉2025年までテロリズムは消滅しない
◉中東の経済成長が継続し若者の失業率が低下すればテロは減少する可能性がある
◉科学技術の普及はテロリストに「危険な能力」を入手可能にする

**米国NICの『グローバル・トレンド2025』は、
単なる「予測」ではない
それは「彼ら」(欧州ロスチャイルド家を
はじめとするユダヤ国際金融資本家)による
「近未来計画書」なのだ**

米国の背後には「欧州ロスチャイルド家」が存在する

注：上記の「グローバル・トレンド2025」は(NICの同名レポートを土台に)
著者が独自に読み解いてまとめたものである。

配する」というものだった。そのような方法を用いる理由は「敵」を団結させずに分離させておいた方が支配しやすいからである。古代ローマ帝国の末裔である欧米白人支配階級には、常にそのような「分割統治戦略」が存在する。

過去を振り返ってみれば、戦後の「東西冷戦」（米ソ対決）はそのような「世界分割統治戦略」の一環だった。だが、その時代は終わった。あれは一つの実験だった。

今、彼らが計画するのは「世界中をバラバラに分割」した上で「それらを上から丸ごと支配する」ことである。彼らは「支配」を熱望している。

もう一度、図表（『グローバル・トレンド2025』）を見て欲しい。そこには次のような三項目も存在する。

> ☀【4】「地球資源の重要性が高まる」
> ☀【5】「中東地域各地で戦争が勃発する」
> ☀【6】「テロリズムは消滅しない」

読者は米国NIC（米国国家情報会議）の『グローバル・トレンド2025』がどのようなものであるか、そのエッセンスはご理解いただけたものと思う。

さて、ここで読者には、お手数で大変恐縮だが、第一章で提示した「図表」（「ゴールドマン・サックスの予言と地球管理スケジュール」67ページ）を見て欲しい。

すると、そこには「【2】二〇一二年、原油の平均価格が一バレル＝一〇〇ドルを突破する」として、次のことが書いてある。

☀「金融危機緩和と世界景気回復で原油需要が回復し、エネルギー危機が再来する」
☀「この予測の背後には『戦争勃発』の含意がある」
☀「二〇一二年、中東戦争が勃発して、原油価格が跳ね上がる」

また（二〇一二年からの世界情勢については）「【3】近未来世界には『人類的危機』（世界的危機）が到来する」として、次のことが書いてある。

☀「近未来には『世界大恐慌』と『世界大戦争』（第三次世界大戦）が発生する」
☀「近未来には『ペーパーマネーの時代』が終わり『実物経済の時代』が始まる」
☀「石油をはじめとする資産価格が上昇することになる」

また（その後の長期的予測としては）「【4】二〇五〇年、中国とインドが世界経済を支配する」として、次のことが書いてある。

☀「中国とインドで『バブル経済』と『バブル崩壊』が発生する」

✹「その時、『ゴールドマン・サックス』（ロスチャイルド家）が両国資産を買収する」
✹「二〇五〇年、中国とインドは『ロスチャイルド家』が支配している」

お気づきだろうか。「ゴールドマン・サックスの地球管理スケジュール」と『グローバル・トレンド2025』は、完全に「合わせ鏡」なのである。なぜなら、この二つは背後が「同じ」だからだ。

ゴールドマン・サックスの背後には「欧州ロスチャイルド家」が存在する。では、米国NICによる『グローバル・トレンド2025』を「本当に作成した」のは誰なのか。

それは「シェル石油（ロスチャイルド家）シェル研究所のピーター・シュウォルツ」だ（それ以外には「飲料会社ネスレの経営陣」「会計監査法人プライスウォーターハウスクーパース」「水企業エヴィアン会長ジャンピエール・リーマン」「ランド研究所」「外交問題評議会」「ブルッキングス研究所」「英国王立国際問題研究所」などであるが、いずれも背後は「ロスチャイルド家」だ）。未来計画書の作成者は「ロスチャイルド家」なのだ。

ここで読者は本書の頭からここまでをペラペラとめくってみるべきだ。そうすると、現代世界の背後に何が隠れているかが明確に見えてくるはずなのだ。

それは「彼ら」（＝「ユダヤ地下政府＝サンヘドリン」「アシュケナージ＝カザール民族が改宗したユダヤ人」「欧州ロスチャイルド家をはじめとするユダヤ国際金融資本家」「ヨーロッパ貴族階級」）——、すなわち「地球支配階級の存在」だ。

▼地球人民を食らう魑魅魍魎《ちみもうりょう》は「世界政府樹立」を目指している

本書では「ゴールドマン・サックス」（ロスチャイルド家）に照準を合わせてきたが、「彼ら」は「地球人民を食らう魑魅魍魎《ちみもうりょう》」として「団子になって存在する」のだ。

☀「警告」＝「世界には『地球人民を食らう魑魅魍魎』が『団子になって存在する』」

今後、彼らはどのように動くのか。彼らは「世界大恐慌」に向けて動いていく。それは彼らの計画だ。新聞には「米金融大手軒並み減収」と題して、次のことが書かれている。

> シティグループなど金融大手六社の決算が（七月）二十一日出そろい、モルガン・スタンレーを除く五社が前年同月比で減収、四社が減益だった。同日決算発表したモルガンは唯一の増収増益となったが、前年に金融危機の影響が長引いていたことによる反動の要素が大きい。一～三月期に比べれば一二％の減収となった。ウェルズ・ファーゴも同日決算発表し、収入、利益ともに前年同月比で微減だった。（『日本経済新聞』二〇一〇年七月二十二日付）

このような事態は、世界経済が「世界大恐慌」に向かって驀進していることを意味する。大恐慌が発生しても「彼ら」（国際金融資本家）は困らない。

欧州ロスチャイルド家をはじめとする国際金融資本家は「中央銀行」を支配している。これは「秘密の力」を持っている。カネが必要ならば「紙幣」（単なる紙切れ）を印刷すればよい。金利を上げ下げすることで世界経済をコントロールすることが出来る。

中央銀行を支配する勢力は「現代世界経済」において「無限の力」を持っている。そして、彼らの暗躍で世界経済が混乱しても、困るのは私たち普通の地球人民だ。

そのような「阿呆らしき構造」の中で、今、欧州ロスチャイルド家を筆頭とする国際金融資本家は世界経済の大混乱を計画している。そして、どうなるか。

近未来、世界経済が大混乱する中で「戦争」（＝「中東戦争」→「第三次世界大戦」）を勃発させれば、彼らの「軍事産業」がフル回転を始める。さらに、どうなるか。

彼らは「世界政府樹立」を目指している。彼らの計画が実現した時、私たち普通の地球人民は「総奴隷化の時代」を迎えていることになるだろう。

この事態を一体どうするのか。

【終章】

日本人が生き残るためにはどうするべきか

私たちが「悪夢の近未来世界をぶち壊す大戦略」を考える

本書では「ゴールドマン・サックスの予言」と「世界経済を操る大謀略」に焦点を合わせ、現代世界経済情勢の近未来の行方を展望した。このまま事態が進行すれば「欧州ロスチャイルド家をはじめとする国際金融資本家」（及び彼らを取り巻く地球支配階級）は、私たち普通の地球人民を完全に支配することになるだろう。

二〇一〇年、日米欧を含む世界経済全体の不調と異常は「彼ら」によって仕掛けられたものなのだ。その向こうに「悪夢の近未来世界」が待っている。だが、私たちは彼らの意のままになるわけにはいかない。それでは「生きている意味」がない。よって、終章では普通の日本国民の立場から「悪夢の近未来世界をぶち壊す大戦略」について考える。

日本国民を取り巻く「世界支配構造」はこうなっている

さて、終章を始めるにあたって、最初に「重要な一点」を指摘しておく。それは私たち普通の日本国民を取り巻く世界支配構造はどうなっているかということだ。端的に述べる。これが「世界支配構造」である。

☀「国際金融資本家」↓「アメリカ合衆国」↓「日本の役人」↓「日本の国民」

二〇一〇年の日本で注目の懸案事項となっている「普天間基地移設問題」も「郵政民営化問題」もこの構造の中に存在する。ここでは右の図式を下から見ていく。

一番下には「日本の国民」（私たち普通の日本国民）が存在する。その上には「日本の役人」（パラサイト役人政府）がのさばる。これが日本の支配構造だ。日本の政治家は「役人集団の奴隷」に過ぎないから問題外。選挙などは何度やっても、日本国がよくなることはない。選挙は所詮「日本国民の目を騙す制度」だ。政治家とマスコミと国民が選挙や議会をめぐってワイワイやっている間に、役人は着実に悪事を働いているのである。

そして、この「役人支配の日本国」の上には「アメリカ合衆国」が存在する。そのことについては詳論するまでもないだろう。日本は米国には絶対に頭が上がらない。日本は米国に支配されているのである。

では、米国が最上位かというと、そうではない。アメリカ合衆国は（実際には）民主主義国でも自由主義国でも何でもない。あの国もまた「国際金融資本家」（欧州ロスチャイルド家）が支配しているのだ。

右の世界支配構造を普通の日本国民の立場から言うならば、私たちは「国際金融資本家」＋「アメリカ合衆国」＋「日本の役人」という「三重の檻《おり》」に閉じ込められて「三重の搾取」を受けているということだ。この支配構造を丸ごと覆すことが出来なければ、私たち日本国民に未来はない。あるいは「生きている価値はない」と言うべきか。認識を新たにするために日本国民の置かれている状況を概観しよう。

国際金融資本家とアメリカ合衆国の実態についてはすでに充分に述べてきた。ここでは日本国内における「日本の役人」の実態について述べておく。

☀「国内情勢」＝「日本の役人は『日本の国民』を徹底的に搾取している」

私は日本国を「パラサイト役人支配国家」と呼んでいる。それは「過去・現在・未来を貫通する『日本国の宿痾《しゅくあ》』」であり、絶対的に治らない。日本国のパラサイト役人連中は（中央も地方も）「日本国民のカネ」（税金）を私物化し、退職後には天下りを繰り返し、死ぬまで税金をつかみ取りして暮らすのだ。

マスコミは「役人問題」については「ムダ遣い」ばかりに注目するが、彼らの本質はそのような生易《なまやさ》しいものではない。彼らの悪業の正体は「税金私物化」なのである。

二〇一〇年五月、七十二の公益法人に国家公務員ＯＢが「二二〇〇人以上」も天下り、そこには「一法人当たり＝二〇億円の税金」がぶち込まれていることがわかった。その中には「常勤役職員は二名だけという社団法人」や「一枚五〇円のコピー代で多額の事業収入を得ていた財団法人」などが存在する。日本の「公益法人」は「詐欺師たちの巣窟」で、その本質は「役人生活保障組合」なのである。このようなことは今に始まったわけではなく、明治維新以来、連綿と受け継がれてきた「伝統」なのだ。日本の役人の世界は中央官庁も地方自治体も天下り先も「全部がパラサイト」なのである。

右で述べたことは「悪の氷山のカケラ」に過ぎない。氷山の全貌がどれほどのものであるかは誰も知り得ない。それは巧みに隠されているからだ。

パラサイト役人連中は自分らの悪事を徹底的に隠蔽する。彼らはその煙幕として邪魔な政治家や善意の日本国民を「冤罪《えんざい》」に嵌《は》めたりもする。そして、マスコミが彼らの罠に陥った政治家や国民をバッシングしている間、パラサイト役人集団は悠々と悪事を積み重ねている。日本のマスコミなどはパラサイト役人の御用聞きに過ぎない。彼らは使い走りのロボットだ。日本国民は「悪の根源」（パラサイト役人）を徹底的に凝視すべきだ。

▼「日本国民が立ち上がる道」は「世界革命への道」に直結している

さて、問題は「日本国民を取り巻く世界支配構造」だ。再度、ここで繰り返しておく。

＊「国際金融資本家」↓「アメリカ合衆国」↓「日本の役人」↓「日本の国民」

その要点は次の通りだ。ここでは私たちの大戦略についても要約しておく。

＊「私たち普通の日本国民は『国際金融資本家』＋『アメリカ合衆国』＋『日本の役人』という『三重の檻』に閉じ込められて『三重の搾取』を受けている」

＊「この世界支配構造を覆すことが出来なければ、私たち日本国民に未来はない。つまり、本

書で予測した『悪夢の未来』が間違いなく現実となる」

☀「本書で予測した『悪夢の未来』をぶち壊す大戦略の根本は、この世界支配構造を丸ごとひっくり返すということなのだ」

では、どうするのか。次の図式は下から上へと読むべきものだ。

☀「国際金融資本家」↑「アメリカ合衆国」↑「日本の役人」↑「日本の国民」

つまり、日本列島の中で生きる私たち普通の日本国民が草莽《そうもう》の中から力強く勇気を持って立ち上がり、下から上に向かって「日本の役人」↓「アメリカ合衆国」↓「国際金融資本家」を順番に打ち倒していくのがこの図式だ。ここでは日本国民の立場から述べているが、構造的には世界全体においても同じである。世界各国も支配構造は日本と同じだからだ。たとえば、中国の場合は「日本の役人」の位置にあるのは「中国共産党」である。また北朝鮮の場合は「日本の役人」の位置にあるのは「金王朝《キム》」である。だが、それらの上には「アメリカ合衆国」と「国際金融資本家」が存在する。よって、日本でも世界各国でも、悪夢の未来をぶち壊すためには普通の国民が立ち上がらなければダメなのだ。

繰り返す。本書では「日本国民の立場」からの大戦略は「日本列島の中で生きる私たち普通の日本国民が草莽の中から力強く勇気を持って立ち上がり、そして下から上に向かって『日本の役人』

↓『アメリカ合衆国』↓『国際金融資本家』を順番に打ち倒していくことだ」と述べている。だが、この流れは（大きくは）「世界革命への道」なのだ。

大袈裟ではなく「日本国民が立ち上がる道は『世界革命への道』に直結している」のである。それは「マルクス革命」（共産主義革命）のような「国際金融資本家に操られた偽革命」ではない。「起死回生の地球革命」なのである。

☀「日本人が立ち上がる道」＝「世界革命への道」＝「起死回生の地球革命」

さて、近未来における「大戦略の構造」は右の通りだ。だが、これでは話は抽象的だ。具体的にはどうするべきか。以下では身近なところから戦略提言していくことにしたい。

以下をお読みいただくにあたっては、常に頭の片隅に「世界支配構造」を置いておいていただきたい。そうすることで、それぞれの戦略提言が「世界支配構造のどこを破壊するためのものであるか」がわかるはずだ。各戦略提言には、それぞれが破壊すべきターゲットが存在する。

▼戦略提言❶　日本人は「金融で金儲け」という頭を捨てよ

第一には「日本人は『金融で金儲け』という頭を捨てよ」ということだ。でなければ、日本国民は国際金融資本家連中に利用されるだけである。そして、一切合財を巻き上げられる。

先に提示した「日本国民を取り巻く世界支配構造」に則して言うならば、この「戦略提言❶」がターゲットとしているのは、最上位に位置する「国際金融資本家」だ。

だが、私たち普通の日本国民が直接的に彼らに対抗することは出来ない。それゆえ、ここでは彼らの足元を切り崩すことを考える。

日本人が「金融で金儲け」を目指せば、すなわち「国際金融資本家に利用される」ことになり、「一切合財を巻き上げられる」結果を招く。そのことは絶対確実なのだ。

多くの日本国民がそれを予見できない理由は「投資はギャンブルではない」と（売国の経済マスコミによって）洗脳されているからだ。だが、投資はまぎれもなくギャンブルなのであり、そして、ギャンブル活動ではまともな人生を築くことは出来ないのである。

✹「投資はギャンブルである」→「投資ではまともな人生を築くことは出来ない」

日本の経済評論家は「アメリカ人は投資に熱心である」と言う。だが「投資がギャンブルである」ことは、アメリカ人でもまともな人は明確に認識しているわけである。

二十世紀、米国で「成功哲学の古典」と呼ぶべき書物を著したのがナポレオン・ヒルである。彼はその代表作の中で「失敗を招く三〇の原因」を挙げている。その一つに「ギャンブル好き」を挙げ、その失敗の様相を次のように述べている。


――【ギャンブル好き】言うまでもなく、何もしないで何かを得ようとするのがギャンブルという――

ものだ。そして大勢の人がギャンブルの失敗で泣いている。その証拠の一つは一九二九年のウォール街だ。株式投資によって富を築こうとした何百万という人々が大暴落によって破産に追い込まれ、人生を滅ぼしたのである。（『巨富を築く13の条件』ナポレオン・ヒル、田中孝顕訳、きこ書房）

現代の日本では、アメリカでは誰もが株式投資をやっているかのように喧伝されている。そんなものはウソだ。アメリカでもまともな人は右のように認識している。

投資業界の関係者が何と言おうとも、株式投資は「ギャンブル」なのだ。そして「ギャンブルでは絶対に富を築くことは出来ない」。それは明々白々の真実である。

☀「真実」＝「ギャンブルでは絶対に『富』を築くことは出来ない」

しかも「株式投資」は単なる「ギャンブル」なのではない。それは「騙しの世界」なのだ。引用文を繰り返す。「株式投資によって富を築こうとした何百万という人々が大暴落によって破産に追い込まれ、人生を滅ぼしたのである」。これは絶対的な事実である。

本書の第二章では「一九二九年のニューヨーク株式市場大崩壊の背後に『ゴールドマン・サックス』が存在した」ことを述べた。そして、米国の経済学者ガルブレイスが同社の動きを強く糾弾していたことも述べた。読者は投資業界の正体を透視すべきだ。

「警告」＝「本書の読者は『投資業界の正体』を透視するべし」

繰り返して述べる。株式投資という「ギャンブル」によって「富を築くことは出来ない」。これが真実である。しかもそれはフェアな「ギャンブル」ではない。「騙しの世界」なのである。

日本の株式市場は「インチキとデタラメの巣窟《そうくつ》」である。日本国政府と業界関係者は口では「インサイダー取引や株価操作はやってはならない」と言う。だが、現実を見れば、そんなことはいくらでも行なわれている。学生集団だって、インサイダー取引も株価操作もやっている。企業はインチキな広報宣伝で株価操縦をやっている。そのような世界には近づかないほうが賢明なのだ。人間には投資以外にいくらでもやるべきことが存在する。

「株式市場は『インチキ市場』で、東証や証券会社はデタラメをやらせ放題」

二〇一〇年、半導体製造メーカーの「エフオーアイ」（FOI）と、シニアマーケットに特化したコンサルティング会社の「シニアコミュニケーション」（シニアC）の両社は無茶苦茶な粉飾決算を続けた上で、東証マザーズに上場を果たしていたことが判明した。

この粉飾事件の特徴は両社の財務責任者が「数字いじり」に精を出していたことだ。新興市場の歪《ひず》みは以前から指摘されるところだが、本当に問題なのはこのような会社の上場を許す東証と粉飾決算を見逃す主幹事会社だ。右の事件の問題点を平たく言えば、東証の目は「節穴」である。両社の主幹事証券を務めたみずほインベスターズ証券は「共犯」のようなものである。とにかくＦＯＩは「売り上げのほとんどが虚偽」だった。シニアＣは「上場準備を始めた時（二〇〇四年三月期）から粉飾を始めていた」。最初から全部がウソなのだ。それを東証と主幹事会社は見過ごしていた。日本の株式市場は「いくらでもインチキが出来る体制」になっている。

「投資信託は『愚かな人間』を騙すためのインチキ商品」

日本の銀行と証券会社は信用できない。なぜなら、彼らは「外資系の手先」である。日本人の財産を掠《かす》め取るために開発されているインチキ債券を日本の銀行と証券会社は平気で売るのだ。それによって、財産を奪われる日本国民はあとを絶たない。言葉は厳しくなるが、彼らに騙され続ける日本国民にも問題がないとは言えない。

たとえば、いわゆる「投資信託」。あれは一体、何なのか。自分の大切な財産を（赤の他人に）「信託する」というバカな話があるだろうか。人間が人間を信用することは大事である。だが、カネの世界について言うならば、この世はそのようには出来ていない。カネの世界の住人を簡単に信用するような人間は「愚かな人間」と言われても仕方がない。

私は被害者に対して、そんな失礼な批判をする気はない。ここでは、金融業界の住人が日本国民を「バカ扱いしてカモにしている」と指摘しているのである。

日本で投資信託と称しているものには「証券会社で売り出して売れ残った株式」「大口顧客が高値で買って、売るに売れなくなった株式」を親会社の証券会社が子会社の投資信託会社に引き取らせた廃棄商品が含まれる。その損失を投資信託に移転させるカラクリであるから、最終的に損をするのは普通の日本国民の投資家となる。元本割れしている投資信託には、そうした「犯罪的なケース」が珍しくない。

二〇一〇年、日本国内で販売されている投資信託は一万種類を超えている。だが、その多くはマイナス配当になっている。中には資金の七〇%を消失しているものも存在する。

海外で投資家対象に販売されている投資信託の世界では一年の配当が一五%前後は常識であり、年一〇%以上の配当を出せなかったファンドマネージャーは一年でクビになると言われている。

それに比較すれば、日本国の金融機関のやっていることは無茶苦茶である。多くの「マイナス配当」、とりわけ「マイナス七〇%の配当」などの惨状を見れば、米国資本が日本人の資産略奪のためにインチキ商品を日本国に持ち込んでいることは明白だ。最近では、高齢者を対象に郵便局も投資信託を販売している。全部「インチキ商品」だ。彼らは日本の高齢者にインチキ商品を押し付け、その財産を取り上げる。その手先が郵便局の窓口だ。全国の郵便局は「敵（ゴールドマン・サックス）の手中に存在する」のだ。

✹「FX（外国為替証拠金取引）では『儲ける』より『沈没』する方が早い」

最近流行の「FX」（外国為替証拠金取引）についても述べておく。産廃業の傍らFXを始め、一時は一〇億円以上もの利益を得たが、所得申告を怠りマルサ（国税局査察部）のターゲットとなった磯貝清明氏（三十三歳）は、自らの過失を振り返り、次のように述べている（彼は二〇〇九年四月に一億六〇〇〇万円の脱税容疑で東京地検に告発された）。

僕の実質的な資産である「証拠金」は〇七年七月には約一〇億円あったんですが、翌月起きたサブプライム・ショックでたちまち三〇〇〇万円に減ってしまった。調査時点での資産は約二〇〇〇万円に目減りしていたので、とても払い切れるものじゃありません。しかも、僕が払わねばならない一億六〇〇〇万円の所得税には、一日あたり五万円超の延滞金が課されているんです。さらに、今年三月三十一日の第一審判決では、三五〇〇万円の罰金が言い渡されて、ぼくの負債は増える一方なんですよ。（『週刊現代』二〇一〇年七月十七・二十四日合併号）

ちなみに彼は脱税をする意図があったわけではない。彼は「決してごまかそうという気はなかった。単に税金に無知なせいでこうなってしまったんです」（同誌）と述べている。

脱税問題はともかく、「一〇億円の資産」があっという間に「三〇〇〇万円」「二〇〇〇万円」になるようなギャンブルに手を染めるべきではないのである。

☀「現代世界における『金融』とは『騙しの別名』である」

現代世界における「金融」とは「騙しの別名」なのである。その意味については、もはや充分にご理解いただけたものと思う。金融は「経済の血液」と言われるが、現代世界における「金融」は金融であって金融ではない。それは騙しである。これについて述べているとキリがない。

とにかく、人間にとって「生きる価値とは何か」を私たちはもう一度原点に戻って考え直してみるべきだろう。その時、金儲けは答にはならないはずだ。

二〇一〇年七月の夏休み直前、日本経済新聞は（「親子で株式を学びましょう」という趣旨で）、五ページにわたる「全面広告企画」を掲載している。

「親子で学ぶ夏休み／株式市場の観察」夏休みの自由研究は、親子で生きた「経済」を見つめてみませんか。（『日本経済新聞』二〇一〇年七月十六日付）

だが、この記事の中に「株式投資はギャンブルである」という記載は一切ない。人間はギャンブルなどに手を出さずとも生きていくことは出来る。その方がよほどまともな人生だ。

▼戦略提言❷　日本人は「実体経済構築」に邁進するべし

近年の日本は「金融業界」に右往左往させられている。だが、いつまでもそのような状況を続けるべきではない。日本国民は実体経済の世界に立ち返るべきである。

「実体経済の世界に立ち返る」と言うと難しく聞こえるかも知れないが、実際的には極めて簡単なことである。つまり、私たち普通の日本国民一人ひとりが今の自分の仕事に本気になって取り組んでいけばよいのである。マスコミの世界では金融業界の動向が日々大きく伝えられるが、それは「騙しの世界への入口」なのだ。日本国民は金融世界など距離を置いて眺めるべし。そんなことより本質的に重要なのは実体世界だ。

今、日本国民の大半は「第一次産業」（農林水産業）、「第二次産業」（製造業）、「第三次産業」（流通・サービス業）で生計を立てている。これらの産業こそが私たち普通の日本国民の日常を支えている。つまり、互いの仕事が互いの生活を具体的に支えている。たとえ地味に見えても、この世に不要な仕事は存在しない。全部が重要な仕事である。

☀「第一次産業」「第二次産業」「第三次産業」＝「全部が『重要な仕事』である」

収入面だけ見れば、これらの産業は金融業界より少ないかも知れないが、この世では、人間界における根本的重要性と収入の多寡は一致しない。その理由はもう言うまでもない。この世を支配しているのが「国際金融資本家」だからである。これは何とかしなければならないが、すぐにはどうにもならない。だが、本書が提示する大戦略が実行されて世界支配構造がぶち壊れた時には、問題は全部解決するのだ。まして、先に述べた「世界革命」が実現した暁には世界は完全に相貌を変える。ここは「忍」の一字である。

あるいはこういう言い方もできる。つまり、詐欺師があなたより儲けているからといって、これから詐欺師になろうという人はいないだろう。本書の見解としては「金融業界の高収入は『詐欺師の高収入』のようなもの」なのだ。私は普通の日本国民に「貧乏になれ」とか「貧乏を我慢しろ」と言っているわけではない。そうではない。

日本国民はもっと豊かに、もっと幸福になることが出来る。だが、現代ではそれを阻んでいる世界力学があるわけだ。そのメカニズムはここまで本書をお読みいただいた読者には充分にご理解いただけているはずだ。国際金融資本家が世界を騙しにかかっている。

そのような中で、私たちが「金融で金儲け」という方向に向かうことは「敵の罠《わな》に嵌《は》まることになる」のである。繰り返しで恐縮だが、そのことは深くご理解いただきたい。

私たちは「収入」のみに気を奪われることなく、自分の仕事に全力で取り組んでいくことが重要だということを力説したい。「会社のため」ではなく、それが大局的に「世のため・人のため」となるのだ。もちろん根本的には「自分のため」だ。

ここでは「仕事」を中心に述べているが、その本質的な意味は（大きくは）「自分が生活する土台をもう一度固める」ということだ。近年の日本では「家庭」というものがガタガタになって「親殺し」「子殺し」が頻発している。さらに最近では「年寄りが死んでもほったらかし」という事件までが相次いで発覚。私たちは何かを間違ったのだ。

戦後の日本は経済成長を遂げてきた。だが、その流れの中で「日本のよきもの」を全部捨ててきてしまったのかも知れないのだ。ここは立ち止まるべき時である。そして、土台を固めてもう一度立ち上がるべき時である。根本にかえれば難しいことではないのである。

日本人としての「自分の仕事」「自分の生活」「自分の家族」。賢明な読者諸氏に対しては青臭い話になるかも知れないが、しかし悪夢の近未来世界に立ち向かうためには私たちは自分の足元を固めることから始めるしかない。合わせて次のことも述べておきたい。

▼戦略提言❸ 日本人は「グローバル化」に幻惑されるな

近年の日本では「グローバル化」「国際化」が叫ばれていて、人間についても「国際人でなければならない」と当然のようにいわれている。だが「国際人」とは何なのか。

この世にそんな「抽象的な人間」が存在するのか。マスコミが言う「国際人」とは「国際金融資本家の手先」を指しているとしか思えない。あるいは「無意味な符号」である。

新聞のコラムは「『グローバル人』生む教育を」と題して次のように書いている。

世界市場で日本企業の存在感が低下してきた。その一因は、ビジネスが国際化した一方で組織が「日本人の会社」であり続けていることだ。外国に留学する人が減り、海外勤務を避ける傾向も強まっている。グローバルに活躍できる人材を育てる明確な目的意識を持たないと、日本の国際競争力の維持はおぼつかなくなる。(『日本経済新聞』二〇一〇年七月二十五日付「中外時評」論説副委員長・脇祐三)

右のような意見はマスコミでよく見られる。だが、このような「偉そうな意見」を読むたびに、私は「それならお前が『グローバル人』になれ」と言ってやりたくなる。

世界には新聞社や雑誌社は無数にあり、一般的には「世界のマスコミは日本のマスコミよりもレベルが高い」とも言われている。日本の新聞社で日本人読者を相手にして飯を食っている人間が、どうして右のような「偉そうなこと」が言えるのかがわからない。

江戸幕末の時代、日本の志士たちは日本列島が外国の植民地となることを許さなかった。彼らは留学や海外勤務を経験したのか。

戦後の高度経済成長時代、当時のビジネスマンは敗戦の廃墟の中から立ち上がり、世界第二位の経済大国を作り上げた。彼らは海外生活で見聞を広めたのか。

もちろん今とは「時代が違う」だろう。だが、本書の立場から言うならば、現代世界を生き抜く根本問題は外国への留学や海外勤務などではないのである。

江戸幕末の志士たちには「武道精神」があった。敗戦の廃墟から立ち上がった戦後のビジネスマンには「外国に負けてたまるか」という「しぶとい根性」があった。

☀「現代世界を日本人が生き抜く心」＝「武道精神」＋「しぶとい根性」

現代世界を生き抜く根本問題は「武道精神」であり「しぶとい根性」の有無なのだ。外国への留学や海外勤務がどうしたこうしたなどは枝葉末節の話である。

読者の中には「右の『武道精神』は『武士道精神』の間違いではないか」と思う人がいるかも知れない。だが、ここは「武道精神」なのである。私が言う「武道精神」とは「生死を懸けて戦う心」あるいは「生き抜くために戦う心」だ。それに対して「武士道精神」は「殿様に仕える道」で、江戸時代に武士道を論じた書物には「武士道とは死ぬことと見つけたり」(『葉隠』)と書いてある。そんな道では現代世界を生き抜くことは出来ない。

日本の教育（義務教育）をどうするか。私なら（勉強はどうでもよいから）「体育と武道を徹底的にやらせろ」と言いたい（私自身は柔道、ボクシング、バスケットボール、陸上、体操などをやってきた）。そして「負けじ魂」を作らせるのだ。同時に、文部科学省が支配する「役人教師世界」は全部ぶち壊すべきである。国民のカネで飯を食う文部科学省の役人や「役人教師」に「負けじ魂」はないからだ。

話を戻す。日本列島には「一億三〇〇〇万人の日本人」が存在する。これはものすごい数である。ビジネスについて言うならば、抽象的な「世界七〇億人」を相手にするより、目の前の具体的な「日本人一億三〇〇〇万人を幸福にする」という発想でもよいのではないか。海外展開の推進や世界企業となることを目標に掲げ、従業員全員に「英語」を強制する企業があってもよい。それは経営者の自由である。だが、あまりに「世界」ということを意識すると、近未来には「空中分解する危険性」が存在する。なぜならば「世界」(単一の世界) というものはないからだ。少なくとも日本列島内部は「世界」ではなくて「日本」だ。

私は「国粋主義的観点」から右のようなことを述べているのではない。日本人一億三〇〇〇万人はいわゆる「国際人」にならなくても幸福に生きていける、と申し上げているのだ。

江戸時代から明治時代にかけて日本の人口は「約三〇〇〇万人」だった。ごく少数の蘭学者などを除けば、日本列島の住人全員は海の向こうを知らない「単なる日本人」だ。それで日本人三〇〇〇万人が不幸だったかと言えば、決してそんなことはないのである。江戸時代の文化と治安がどれほどのレベルであったかは詳論するまでもないだろう。身分制度の是非はともかく、江戸時代の日本は（全体としては）「世界トップレベルの文化国家」だった。

もちろん、当時と今とでは時代が違う。私は「鎖国をして江戸時代に戻れ」と提案しているのではない。私の主張は「日本人一億三〇〇〇万人を幸福にする」という発想でも充分にやっていけるということだ。それでこそ、私たちは幸福に生きていくことが出来る。

企業が海外進出するならば、まずは「日本人一億三〇〇〇万人を幸福にした」という実績をつくり上げ、それから悠々と海外に出るべきだと思うのだ。現在では「低賃金の労働力」と「市場」を求めているだけだ。

そういうことでは、いつ「情勢」がひっくり返っても不思議はない。敗戦後、日本企業と日本国民は命からがら満州・中国・朝鮮半島から逃げ出してきた。日本が経済最優先の進路をこのまま変更しなければ、近未来には「同じこと」が起こるだろう。その可能性は高い。

私は「外国語を学ぶ必要はない」「海外に出る必要はない」と述べているわけではない。いわゆる「国際化・グローバル化には『罠』がある」と透視しているのだ。

▼戦略提言❹　日本人は「人生の原点」「世界の土台」に立ち返れ

日本国の強みは「モノ作り」にある。同時に（本来の意味での）「サービス」にある。それを忘れてカネでカネを儲けようと走るのは「カモになる動き」に他ならない。

元帝国ホテル社長の犬丸一郎は次のように述べている。

外資系のホテルも増えているようだけど、帝国ホテルは関係ないね。だいたいビルの上にフロントがあってドアマンもいないなんて、ウェルカムの姿勢がわからない。（『週刊朝日』二〇一〇年七月十六日号）

つまり、彼は（帝国ホテルが本来のサービス精神を忘れない限り）「外資系などは恐れるに足らず」と断言する。同時に彼は「ビルの上にフロントがあってドアマンもいない外資系には『ウェルカム』（いらっしゃいませ）の精神がない」と笑う余裕を見せている。

ここは「ホテルマン」に向けて書いているわけではない。だがビジネスマンであるならば、彼の言わんとすることはわかるだろう。大切なことは「根本精神」なのである。

日本の「第一次産業」（農林水産業）、「第二次産業」（製造業）、「第三次産業」（流通・サービス業）は「根本精神」を忘れるべきではない。消費者はよく見ている。

正しい「生産者根性」「商人根性」「サービスマン根性」があれば、企業は無限に発展することが出来るのだ。日本の消費者はバカではない。世界の消費者も同じである。

外資系が「効率的金儲け主義」に走るなら、日本企業は「地道な生産者根性・商人根性・サービスマン根性」で対抗すべきだ。長期的に見て、どちらが勝つかは明らかだ（ここは証明することは出来ないが、しかし「効率的金儲け主義」が本当に世界を制するならば、私たちは正々堂々、滅んでいけばよいのである。そのくらいの覚悟を持つべきだ）。

日本国民は「人生の原点」「世界の土台」に立ち返るべきである。そこからこそ私たち人間は本当に立ち上がっていくことが出来るのだ。それが本書の主旨である。

さて、ここまでは「戦う土台作りの戦略」だった。ここから話は次のステップへと展開していく。先に提示した「日本国民を取り巻く世界支配構造」を思い出して欲しい。最初にぶち壊すべきターゲットは（日本の国民を上から支配する）「日本の役人」なのである。

▼戦略提言❺　日本人は「役人支配体制」を徹底的にぶち壊すべし

もはや「日本国役人支配体制」については詳論する必要はないだろう。これについては先にも述べた。私は「現代の日本は『パラサイト役人支配国家』である」と断言する。

パラサイト役人支配は「中央も地方も同じ」である。マスコミが提唱する「地方の時代」などはあり得るはずがない。なぜならば、地方の役人もパラサイトだからだ。現代の日本国では「増税」が議論されている。まったく馬鹿げた話である。現在のような情勢の中で「増税路線」を進んだ日には「日本国民のカネは役人に食い潰されるだけ」である。

国会議員の座を捨てて名古屋市長になった「河村たかし」は「市政」を立て直すために獅子奮迅の活躍をしている。彼の公約は「恒久的な一〇％減税」「議会改革」「地域委員会設立」の三つである。このうち「減税」について、彼は次のように述べている。

例えば、スーパーマーケットでより良い品物を、より安く提供するというのは当たり前のこと。キュウリ一本の値段を一円でも安く提供するために必死で努力をする。公共サービスも同じです。より良い公共サービスを、より安い税金で提供する。六一年間生きてきて、やっとそれに気がついた。〔中略〕行政改革だけでは、いくら削っても余った分はまた役所内で再配分されるだけ。ワシの考えは、政治家は「減税」が公約で当たり前ということですよ。いままでの増税を前提にした政治なんて、大ウソもいいところ。（『週刊朝日』二〇一〇年六月四日増大号）

日本国の政治は中央も地方も「革命的改革」が必要だ。国民・市民の代表である政治家は「役人の奴隷」であることをやめなければならない。増税などは「悪魔の手口」だ。

だが、名古屋市議会は「市長・河村たかし」に抵抗している。河村は「議会がこれほど市民をなめとるとは思わんかった」（同右）と嘆息している。今の日本国では、本気で世の中をよくしようと志す者は「ロクでもない抵抗」を受けるのだ。この現状をどうすべきか。

二〇一〇年八月二十七日、名古屋市長・河村たかしは「市議会解散の直接請求」（リコール）に向けた署名集めを開始。九月三十日には「目標（四十三万四千人分）を超えた」と発表した。

本書の立場で言うならば「日本人が生き残るためには『日本国役人支配体制』を徹底的にぶち壊すべし」。そうでなければ、普通の日本国民は「永遠に役人集団にカネをむしられることになる」のである。それを許してはいけない。それが多くの日本人の「同意事項」のはずである。だが、日本国は動かない。これを一体どうするのか。ある経済誌の編集後記は「経国済民《けいこくさいみん》の方法」と題して、次のように書いている。

世の中で一番偉い人は税金を使わずに雇用を拡大する人である。新しい産業を興したり、海外市場を開拓して、国に雇用と富をもたらす人である。この逆が、税金をただ食い潰すことだけを考える役人や公益法人の職員。公僕とは、いかに少ない税金で市民が求める最善の行政サービスを行えるか、その節約競争に勝った役人こそが一番偉い。そんな当たり前のことを小学校から叩き込んでいく以外、国を立て直す方法はないのではないか。(『週刊エコノミスト』二〇一〇年六月二十二日号)

日本国再建のためには(上から下まで)「一気の大変換」が必要なのだ。それを成し遂げるためには、多くの日本国民が心を合わせなければならない。役人支配はぶち壊せ。

▼戦略提言❻　日本人は「米国占領軍」を叩き出し、真の独立を獲得するべし

さて、本章の冒頭で提示した「日本国民を取り巻く世界支配構造」を思い出して欲しい。日本国

の上には「アメリカ合衆国」が存在する。これを何とかしないと日本国は永遠に米国の都合のいいように動かされ続ける。それでは日本国民の未来はない。

普通の日本国民の中に「戦争が好き」という人はいないはずだが、現状では米国追随の日本国政府は戦争へ向かう雲行きとなっている。そのあやしい潮流を眺めてみる。

二〇〇一年九月十一日、米国で「同時多発テロ」が発生した。そして、米国は「アフガン戦争」「イラク戦争」に突入した。だが、その背後がどのようなものであったかは第四章で述べた通りだ。そこには「騙しの世界」が存在した。世界は操られているのである。

ところで、米国が「イラク戦争」を開始する時、日本国はどうだったのか。当時米国の大統領は「ブッシュ」であり、日本国の首相は「小泉純一郎」だった。

小泉純一郎が「米国(ゴールドマン・サックス)の回し者」であったことは、序章でも述べた。彼は米国に日本国民のカネを差し出すために「郵政民営化」に奔走した。

そして、その彼を日本のマスコミは持て囃した。日本国は「異常」である。では、イラク戦争についてはどうだったのか。二〇〇三年三月二十日、イラク戦争が始まると同時に小泉純一郎は「アメリカを支持する」と表明した。当時の日本国の「舞台裏」を新聞は次のようにレポートしている。時間は開戦二日前(二〇〇三年三月十八日)に遡る。

> 小泉はこの日の午後、記者団にこう話した。〔中略〕「米国が武力行使に踏み切った場合は、支持するのが妥当ではないかと思っている」(『朝日新聞』二〇一〇年八月十八日夕刊)

それはそれでよいとして（本当はよくはないが、ここではこのまま通り過ぎる）、では、そのことを小泉はどうやって決めたのか。閣内の意見はどうだったのか。

防衛庁長官だった石破茂は、「イラク戦争を支持する」という小泉のことばを「この時、初めて聞いた」という。〔中略〕石破は言う。「幕僚懇談会のような場で、イラク戦争支持の是非を議論したことはない」（同右）

そんなバカな話があるのか。防衛庁長官は「田んぼの案山子《かかし》」か。いや、石破だけではない。新聞は当時の政府関係者を取材して、全員が同じことを語ったと報告している。

当時の複数の政府関係者も取材に対し、同じことを話した。〔中略〕国の行方を左右しかねないこの問題をめぐり、小泉が自らの考えを明確に述べた上で、閣僚らが正面切って厳しく議論を戦わせる場面は、なかった。（同右）

これはどういうことなのか。これでは当時の日本は「小泉独裁」ということになる。つまり、小泉は独断で日本国を動かしたと。だが、そんなことがあり得るのか。米国支配の日本国ではどんなバカなことでもあり得る。イラク戦争開戦当時、日本の実態はこうだった。

本来は国防上の重要事項を話し合うはずの安全保障会議は、セレモニーの域を出なかった。〔中略〕「イラク戦争に、根拠や正当性は本当にあるのか。その主張は世界に通用するか」「米国を支持すべきか。それは、歴史の厳しい検証に耐えられる判断なのか」一連の流れから見えてくるのは、こうした核心の議論を欠落させたまま、政権中枢が意思を決定する、日本の姿である。(同右)

私たち普通の日本国民にとって、これは恐ろしい「日本の姿」である。日本では国防上の重要事項は一切話し合われることはない。安全保障会議は「セレモニー」だ。これでは日本国は「いつでも戦争に突入する」(可能性がある)ということになる。

☀「近未来、日本国は『いつでも戦争に突入する』(可能性が存在する)」

つまり、小泉のような「米国追随ロボット」が「米国の戦争に参戦する」と言えば、日本国は即座に戦争へ突入するのだ。日本国の実態は「民主主義」でも何でもない。「米国占領国家」である。そのことは何度繰り返しても繰り返し過ぎるということはない。あれから七年が経過して、一体何が変わったのか。何も変わっていないのだ。

☀「根本問題は日本国の安全を『外国の軍隊』（米国の軍隊）に委ねていること」

二〇一〇年、日本の政治業界でテーマとなったのが「沖縄米軍基地問題」だった。この問題がきっかけで民主党の鳩山由紀夫内閣は崩壊した。国民周知の事実である。

だが「沖縄米軍基地問題」は今に始まったことではない。一九七二年、沖縄は米国統治から日本国に復帰したとはいうものの、実状は「米軍基地国家」のようなものである。

戦後の日本国は「メンドクサイ問題」（米軍基地問題）を沖縄に押し付けてきた。日本国政府は沖縄県民の思いをどのように受け止めるのか。それだけではない。

政治家の最大の使命は「国民の生命と財産を守ること」である。だが、日本国はどうなのか。戦後の日本はそれを「外国の軍隊」（米軍）に委ねているのだ。

日本国沈没の原点は「ここにある」と言うべきだ。これでは日本国に「フリーハンド」は存在しない。常に米国の顔色を窺《うかが》って卑屈に生きていくことになるのである。だが、それでは心底から「生きている」とは言えない。どう見ても「奴隷の生き方」と言うしかない。それが戦後の日本だ。それが現代の日本だ。この状況はひっくり返さなければならない。

だが、具体的にはどうするのか。様々な場で私たち普通の日本国民が「米軍基地は不要である」「米国占領は許さない」と声を上げていくしかない。これは必死の戦いだ。

▼戦略提言❼　日本人は「根性の汚いマスコミ」に騙されるな

日本のマスコミは「政治とカネの問題」を追及してきた。だが、それよりタチが悪いのは「報道とカネの問題」だ。日本のマスコミはカネをもらって記事を書いているのである。

二〇一〇年四月、野中広務元官房長官は「官房機密費によるメディア対策」を暴露した。それによれば、自民党政府は「メディア関係者に機密費をバラまいた」という。

彼の証言はそれだけではない。さらに彼は「新聞・テレビなどのOBや御用コメンテーターにも機密費をバラまいた」とも証言している。つまり「自民党とマスコミは『団子になって』『国民のカネをつかみ取りしていた』」のである。ここは繰り返して述べておく。

> ☀「自民党とマスコミは『団子になって』『国民のカネをつかみ取りしていた』」

もしもそうであるとすれば（間違いなく「事実」はその通りなのだが）、これは「民主党の政治とカネの問題」（鳩山由紀夫と小沢一郎の政治資金の処理に関する問題）どころの話ではない。だが、日本のマスコミは「野中証言」については完全に黙殺したままだ。

日本のマスコミ集団は自分らの都合の悪いことについては、あくまで知らぬ存ぜぬを貫く構えなのである。言わせてもらえば、日本のマスコミなどは「信用できる組織」ではない。

では、自民党とマスコミの関係はどのようなものだったのか。元衆議院議員の平野貞夫は「私は機密費で政治部記者に『酒と女』を世話した」として、次のように述べている。

私が昭和四〇年から園田直《すなお》衆院副議長の秘書をやっていた頃、園田さんの使いで官房副長官室に行くと、竹下登さん（当時官房副長官）が報償費（官房機密費）を月々三〇〇万円くれたから、新聞記者にもかなりの額を使った。（『週刊ポスト』二〇一〇年五月二十八日号）

読者は「昭和四十年」（一九六五年）、つまり今から約五十年近く前の「月々三〇〇万円」であることにどうかご留意願いたい。さて彼はそのカネをどのように使ったのか。

番記者を集めて、都内の料亭で飲んでから銀座のクラブに連れて行く。クラブの料金には、「女」の値段も含まれていた。そのあと私は帰るが、記者連中は女とホテルに泊まる。A社の記者は行かなかったけどね。それで翌朝、副議長公邸に集まった記者たちと朝食を食べる。そんなことを月に一、二回やってた。いまの新聞社の上の世代、政治部長や編集委員ぐらいまでは、そういうことをしてきた。（同右）

そういうことであるならば、戦後日本の新聞は「自民党の機関紙」に過ぎない。そんなものを毎日読んでいたら、思考が狂ってくるわけである。日本国民は洗脳されてきたのだ。

それればかりではない。自民党に対しては随時、米国ＣＩＡ（中央情報局）からカネが流れていたことも「世間周知の事実」である。図式はこうだ。

☀「カネの流れ」＝「米国ＣＩＡ」↓「自民党」↓「日本のマスコミ・知識人」

米国が日本国を支配しているというのは「米国占領軍」だけのことではない。日本国の中枢神経（自民党・マスコミ・知識人）が完全にヤラレているのである。

☀「日本国の中枢神経（自民党・マスコミ・知識人）は完全にヤラレている」

日本のマスコミも日本の知識人も、彼らは「米国と金銭に尻尾を振る犬」だ。国際金融資本家の立場からは彼らを動かすことは屁を垂れるより簡単なことである。

日本のマスコミは「カネで動く」のだ。日本のマスコミに「正義」や「真実」は存在しない。彼らは「品性下劣な集団」だ。その彼らは米国に刃向かう政治家を罵倒する。

選挙があると「政党のカネ」（選挙広告）が流れる。マスコミにとって「選挙は儲けるチャンス」だ。彼らにとって「参議院議員選挙」（三年に一度）と「衆議院議員選挙」（四年に一度あるいは随時の解散総選挙）は「おいしい商売」なのである。それゆえ彼らは常に「解散」を煽る。こうして日本国では毎年のように「選挙」が繰り返される。

そんなことをいくらやっても日本国がよくなるわけはない。選挙ではマスコミが肥え太るだけだ。

しかも、それは「インチキ格差選挙」である。マスコミに愚弄される普通の日本国民は「マスコミのビジネスチャンスに動員されている」だけだ。

鳩山由紀夫（首相）と小沢一郎（幹事長）の時代。マスコミはなぜ民主党をバッシングしたのか。彼らが米国に非協力的だったためだが、他にも大きな理由が存在する。

テレビや携帯電話会社が国に納める電波利用料金は年間約「七五〇億円」。そのうち携帯電話会社が八割以上を占めており、テレビが納めているのは約三八億円に過ぎない。

テレビ業界の年間売上高は約三兆円。事業の独占が保証され、社員は高給与というテレビ局が、その「権利料」に「一〇〇〇分の一のカネ」しか払っていない。これはおかしいということで、民主党はこの電波利権に切り込む姿勢を見せた。それで頭に来たテレビ局は「民主党バッシング」を実行した。

では、新聞社はどうなのか。日本の場合、新聞社とテレビ局は表裏一体の関係にある。つまり「読売新聞と日本テレビ」「朝日新聞とテレビ朝日」「産経新聞とフジテレビ」といった具合で、新聞社とテレビ局は系列関係で結ばれている。彼らは「利害を同じくしている」のである。それゆえ「テレビのピンチ」は「新聞のピンチ」というわけで、新聞とテレビは（共同で）「民主党バッシング」を展開した。

日本国のマスコミは「日本が本当によくなること」などは望んでいない。彼らは「面白おかしく世の中を渡っていきたいだけ」なのだ。それで彼らは「ワイドショー」や「世論調査」に血道を上げる。そして、全部を「お祭り騒ぎ」にしてしまうのだ。政界が混乱し、日本国が動揺すると、彼らマスコミ人種はそれを種にして「飯」が食える。

「社会の公器」などという言葉は死語である。日本国の「正統言論機関」（役人政府に立ち向かう気骨ある言論機関）は明治時代に潰されている。現在、存在する日本国のマスコミは役人勢力から「潰す価値もない」「生かして利用できる」と見なされて放置された組織の末裔である。

戦前・戦中、彼らは全員、役人政府（軍人政府）の「提灯持ち」を務めた。現代の日本国では「まともな人間」「まともな組織」は潰されるようになっている。私たちは「叩かれている人間」を透視してみるべきである。彼は「悪」ではないかも知れない。

現代世界を生きる日本国民は「すべてを疑うこと」である。極論するならば「マスコミの議論と報道の『反対方向』が正しい」かも知れないのだ。

▼戦略提言❽　日本人は「自分の未来を再構築する『意志』と『計画』」を持つべし

本書では、近未来世界がどうなるかを予測してきた。同時に、なぜそうなるかについても述べてきた。予測の背後は読者にも充分にご理解いただけているものと思う。そしてどうなるのか。このまま事態が推移すれば本書の予測は八〇％の確率で的中することになる。予測をまとめると、次のようになる。

☀︎「世界」＝「世界政府が樹立されて『地球人民総奴隷化の時代』が到来する」
☀︎「日本」＝「日本国壊滅。日本経済崩壊。日本国民は奴隷化状況に転落する」

ところで、矛盾したことを言うようだが「未来は確定していない」。本書が言及してきた「国際金融資本家の計画」が右のようなものであることは間違いない。だが、計画は「計画」に過ぎない。計画は覆すことができるのだ。いや、それどころではない。

本書の主張がここにある。つまり、「最後のどん詰まりで『国際金融資本家の計画』はひっくり返る可能性」が存在する。あるいは彼らの計画が実現したあとで全部がひっくり返る。

なぜそうなるか。メカニズムは「彼らの内部分裂」あるいは「体制の内部崩壊」である。よって、彼らの計画は（仮に実現したところで）決して永遠ではない。彼らはこの世の本当の力学というものを知らないのである。それゆえ彼らの構築する世界は、結果的には全部がガタガタになるのである。彼らの制御は利かなくなる。

さて、その時にはどうなるのか。「地球における『最強のパワー』がどこにあるかが明らかとなる」のである――。

ここで「地球における最強のパワー」とは「普通の人々の集合力」だ。地球にはこれに勝る力はないのだ。これまでの地球では国際金融資本家がやりたいようにやってきた。だが、彼らの計画がひっくり返った時には、彼らにはもはやどうすることもできない。なぜなら、彼らは「真実のパワー」を持っていない。彼らが持っているのは「カネ」だけだ。彼らから「カネ」を取り上げたならば「陸《おか》に揚がった河童」と同じだ。もはや「魔力」は使えないのだ。とはいえ、未来を楽観視することは出来ない。彼らも今、最終目標の達成に向けて必死になっているからだ。

私たちがぼんやりしていると、彼らの思うがままになるだろう。だから、両目は見開いていなければならない。ここでは次のことを述べておきたい。今、私たちが為すべきは「世界と日本と自分を再構築する『意志』と『計画』を持つべし」ということなのだ。

何だか大仰で、難しく聞こえるかも知れない。だが、堅苦しく考える必要はない。

これからの新たな時代を生きる時には、私たち一人ひとりが、自分の出来る範囲で、出来るだけのことをすればよいのだ。それは「他人に命じられること」ではない。自らの意志で「現代世界に張りめぐらされたロスチャイルド金権王朝の見えない鉄鎖を『断固とした思い』で断ち切る」のである。

☀「ロスチャイルド金権王朝の見えない鉄鎖を『断固とした思い』で断ち切るべし」

さらに、私たち普通の日本国民が為すべきは「この世に生きる人間としての『原点』に立ち返り、身辺における『下らぬ出来事』に思い煩うことなく、同時にそのような『下らぬ価値観の囚人』となることなく、この世で自らに与えられた日々を『逞しく』『正々堂々』と生きていこう」ということである。あるいは「そこからものごとを始めよう」ということだ。

☀「人間としての『原点』に立ち返り、日々を『正々堂々』と生きていこう」

そのように生きたからといって、すぐに何か「得すること」があるか否かはわからない。多くの場合は、自らが「過去に得たもの」を失うことになるかも知れない。だが、そんなものは全部失ってしまえばよいのである。全部捨ててしまえばよいのである。

☀「自らが過去に得たものは『全部捨ててしまえばよい』のである」

なぜならば、このインチキな現代世界においては、私たちが「過去に得たもの」などは「ロスチャイルド金権王朝がくれた偽の宝物」である可能性が高いのだ。私たちが所有するもの（所有すること）の中で、何が「本当の宝物」であり、何が「偽の宝物」であるかは、あなた自身がそれを静かに見つめてみれば、わかるはずである。

だが、多くの場合、私たちの「目」（識別力）は曇っている。それゆえ両者の違いが簡単には識別できない。それは私たちがこれまでの人生を「現代世界を支配するロクでもない組織集団によって、長きにわたる洗脳を受け、奴隷のように多忙に生きてきたから」だ。

私たちは自らの生き方を一度大きく振り返ってみる必要があるだろう。過去の延長線上の路線を走り続けることは「人生を壊す狂気の生き方」であるかも知れないのだ。

☀「人生」＝「あなたはそうではないかも知れないが、現代の日本において『金と権力を求めることを第一義とする人生を生きている連中』は『被洗脳集団の筆頭』だ。彼らは愚かな人

「生を生きているというしかない。だが、彼らの奴隷になることはさらに愚かな人生だ」

私たちが自らの「目」（識別力）の曇りを取り去るためには、現代世界構造の深層を透明に洞察しなければならない。その一助となるために本書が書かれてきたともいえる。

とにかく、多くの場合、私たちの「目」（識別力）は曇っている。その可能性が高いのだ。それゆえ、何が「本当の宝物」か、何が「偽の宝物」か、すぐには判別できないかも知れない。だが、前記のような心持ちで日々を正々堂々と生きていく間には、両者の違いが必ず識別できるようになるのである。この世はそのような仕組みになっている。

新しい時代をあなたは「どのような心」で生きるのか。僭越ではあるが、読者諸氏にそのことを問いかけて本書を終わることにしたいと思う。

お読みいただき、どうもありがとう。

◉著者について
鈴木啓功（すずき けいこう）
経営コンサルタント、著述家。1956年大阪市生まれ。上智大学文学部哲学科卒業。「現代世界を解読する」を目的に流通、映画、経済研究所など異業種企業を戦略的に転職しつつ人間の活動実態を学び、世界の時空構造を研究。「世界の歴史は180年サイクルで動いている」という「超サイクル理論」を構築する。
1988年、（株）ＩＳＪを設立。各種の産業分野において未来予測を目的としたビジネスレポートを発刊する。経営戦略、マーケティング戦略に関するコンサルティング及び戦略提言を展開。阪神大震災をきっかけに、無能な日本政府に怒りをもって著作活動を開始、その目的は「日本国再建」である。
著書には『サラリーマン絶望の未来』（光文社ペーパーバックス）、『喧嘩脳』（徳間書店）、『日本人よ、癒されている場合ではない！』『強いあたまで生き残れ！』（以上、ロングセラーズ）、『世界大逆転の法則』『国家の終焉・国民の逆襲』（以上、ごま書房）、『２００５年オレがつぶされない生き方』『反逆者の時代』（以上、三五館）、『十年後の世界』（明窓出版）等がある。

ゴールドマン・サックスが解《わか》れば世界経済《せかいけいざい》を操《あやつ》る大謀略《だいぼうりゃく》が見《み》えてくる

◉著者
鈴木啓功《すずきけいこう》

◉発行日
初版第1刷　2010年11月25日

◉発行者
田中亮介

◉発行所
株式会社 成甲書房

郵便番号101-0051
東京都千代田区神田神保町1-42
振替00160-9-85784
電話 03(3295)1687
E-MAIL mail@seikoshobo.co.jp
URL http://www.seikoshobo.co.jp

◉印刷・製本
株式会社 シナノ

Printed in Japan, 2010
ISBN978-4-88086-269-9